MORT OU FLIC

À Alain, Pierre et Raymonde
À Alfida

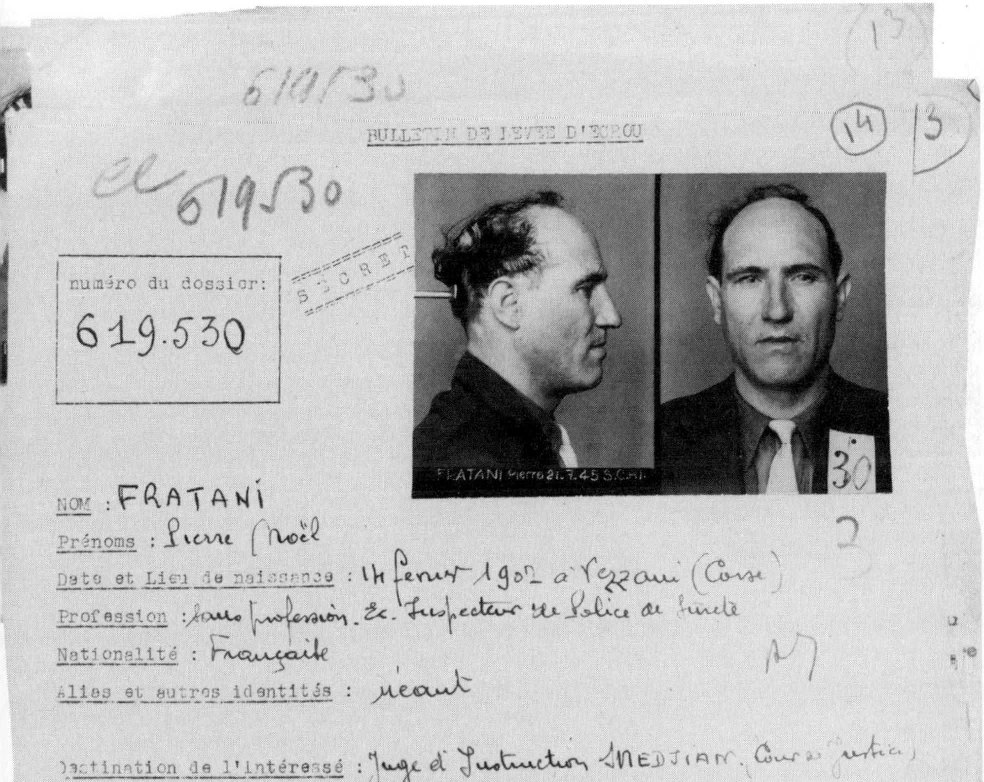

619530

BULLETIN DE LEVEE D'ECROU

(14) (13)

619530

numéro du dossier:

619.530

SECRET

FRATANI Pierre 21.7.45 S.C.H.

30

NOM : FRATANI

Prénoms : Pierre Noël

Date et Lieu de naissance : 14 février 1902 à Vezzani (Corse)

Profession : sans profession. Ex. Inspecteur de Police de Sûreté

Nationalité : Française

Alias et autres identités : néant

Destination de l'intéressé : Juge d'Instruction SNEDJIAN (Cour de Justice)

Bulletin de levée d'écrou de Pierre, juillet 1946.

Avant-propos

Comment continuer à parler de la guerre quand ses derniers témoins disparaissent les uns après les autres ? Descendants, nous sommes porteurs de leur histoire. Elle vit en nous, que l'on en ait conscience ou non, pour le meilleur, et parfois pour le pire. Autant la regarder en face.

Mort ou flic est d'abord un podcast indépendant sorti en novembre 2022. Alors étudiantes en master de journalisme, Gaëlle et moi avons enquêté sur mon arrière-grand-père, Pierre Fratani, policier sous Vichy. Avec ce livre, nous poussons encore plus loin l'enquête familiale et historique.

Nous souhaitons vous faire découvrir Pierre Fratani tel que nous nous le figurons, avec une inévitable part de fiction, fiction qui prend cependant racine dans la réalité de documents que nous avons pu consulter. Les dialogues entre les personnages du passé sont ainsi inspirés de multiples archives, lettres, témoignages et procès-verbaux. Ils figurent quasi inchangés dans la narration.

S'y déploient également nos questionnements en tant que femmes, citoyennes, journalistes. Cette histoire relate mon passé familial, mais elle parle aussi bien de la société du milieu du XXe siècle que de celle d'aujourd'hui. Le mot « police » était-il le synonyme de collaboration sous Vichy ? En quoi cette interrogation est-elle toujours importante aujourd'hui, alors que les membres des forces de l'ordre ont causé la mort d'en moyenne 18 personnes par an entre 1977 et 2022[1] ? Le passé éclaire le présent.

1. D'après la base de données de Basta Media. Sur la période, le média a comptabilisé 861 morts à la suite de l'action de la police et de la gendarmerie. Ce nombre inclut 27 décès lors d'opérations antiterroristes et 80 victimes d'agents qui n'étaient pas en service.
https://bastamag.net/webdocs/police/ *(Toutes les notes sont des autrices.)*

Prologue

— Vous pouvez sortir par là.

Le jeune policier pointe une rue sur sa gauche. Je me retourne, traverse l'avenue de part en part pour la rejoindre. La tension grimpe autour de moi, courant électrique qui parcourt ma peau, hérisse les poils de mes bras, remonte le long de mon dos.

J'essaie de ne pas courir. Surtout, ne pas courir. Le jour commence à tomber. Je n'en finis pas de remonter cette rue, immense, étroite, étouffante.

Des CRS nous barrent le passage.

— Nous n'avons pas le droit de vous laisser passer.

Ils forment une ligne sombre, impassible. Le visage dissimulé dans l'ombre de leurs casques, ils sont une enfilade de clones géants. Je suis prise au piège, coincée comme un poisson dans un filet. Prise dans la nasse, pourtant illégale[1].

Une femme âgée, canne à la main, se tient près de moi, le regard inquiet. Je sens son tremblement. À son bras, un homme en sarouel. « Quel genre de danger représentons-nous exactement ? »

1. Particulièrement utilisée dans le maintien de l'ordre à Paris, la technique de la nasse ne laisse aucune sortie aux manifestants. Elle a été jugée illégale par le Conseil d'État en juin 2021.

Les minutes s'écoulent, aussi poisseuses que l'obscurité qui étire l'ombre des bâtiments alentour. Derrière, sur l'avenue, ça commence à chauffer. L'angoisse me serre la gorge. Un homme crie : « Mais laissez-nous rentrer chez nous ! »

Et puis, les flammes. Un feu de poubelle, là-bas, dans notre dos. « Ils vont charger. »

J'ai vingt-deux ans, j'ai déjà fait quelques manifestations, mais c'est la première fois que je me retrouve dans cette situation.

— Attention, ils sortent les lacrymos.

Je me ratatine dans mon propre corps, abasourdie. La ligne des policiers tremble, leurs bras bougent, saisissent je ne sais quoi. *Je suis en danger.* Ils avancent bien en rang, masse noire et irréelle. Tout devient brumeux, mes yeux pleurent.

— Courez !

Un manifestant lance des ordres à la volée. Tout le monde s'exécute. Nous courons vers la seule issue possible, c'est-à-dire l'avenue, là où la manifestation dégénère. Juste avant d'atteindre les poubelles enflammées, on voit un ado qui rentre dans son immeuble, l'air apeuré, une baguette sous le bras. « Tiens-nous la porte ! » On ne lui laisse pas le choix. Nous sommes une vingtaine à nous engouffrer dans la cour de ce bel immeuble haussmannien, à deux pas de l'Assemblée nationale.

— Chut, chut, ils vont entrer.

Je m'adosse contre un mur, je sens les aspérités et le froid de la pierre contre mes vertèbres. Mon cœur bat n'importe comment, mon souffle est assourdissant. Ce sont des sensations que je connais bien : j'ai l'habitude des crises d'angoisse. Les yeux fermés, je tente de calmer ma respiration. *Mais qu'est-ce que je fais là ? Comment j'en suis arrivée là ? Je suis étudiante en journalisme, je suis juste venue protester contre la loi sécurité globale. Je vais finir en garde à vue. Je vais me faire tabasser. Je vais mourir étouffée.*

Des gens frappent contre la porte cochère. « Ouvrez-nous ! » Un homme glapit : « Si on leur ouvre, les flics vont venir nous arrêter ! » Cet individualisme me sidère, mais je suis incapable de bouger ou de réagir. Heureusement, la majorité décide de leur ouvrir. Ils sont une poignée, accompagnés par un petit nuage de gaz.

Tout le monde tousse, personne ne parle. Dehors, le calme revient peu à peu. Quelqu'un se risque à jeter un coup d'œil. Ça y est, les policiers sont passés. On peut y aller.

Sur le chemin du métro, j'aperçois l'avenue. Des manifestants assis par terre sont arrosés par un canon à eau. Nous sommes en novembre. J'ai la nausée, je presse le pas, de peur qu'une main gantée ne m'attrape pour me forcer à les rejoindre.

C'est donc ça, d'avoir peur de se faire casser la gueule lors d'une manifestation ? Il y a deux ans encore, j'étais en licence de droit, à étudier la Constitution. Je pleure d'avoir eu si peur, d'avoir été si passive, d'avoir voulu m'enfuir. Je pleure d'avoir ressenti tant de violences dans le cadre de l'exercice de ma citoyenneté. Je me sens fragile, ridicule.

Arrivée chez moi, je retrouve petit à petit mon souffle. Je préviens mes proches. « Je vais bien, j'ai eu peur, mais ça va. » En réalité, ça ne va pas. Je resterai sonnée plusieurs jours, à me repasser les flashs de cette soirée.

Je repense à ces policiers bien rangés, identiques et sans visage. Qui sont-ils ? Qu'ont-ils pensé en avançant vers nous ? Se sont-ils sentis obligés de le faire ? Avaient-ils envie de désobéir ? Trouvaient-ils ça juste ? Sont-ils même au courant de l'illégalité de la nasse ?

En France, la police frappe, contrôle au faciès, réprime. Elle tue, aussi. Rémi Fraisse, Nahel, Steve, Adama Traoré, Cédric Chouviat… sont tous morts de la main d'agents de l'État français. L'institution policière est régulièrement épinglée pour sa violence par les organisations internationales, le Défenseur des droits, les associations, les sociologues ou les enquêtes journalistiques. En tant que jeune femme blanche, je suis statistiquement beaucoup moins exposée aux violences policières qu'un jeune homme noir vivant en banlieue parisienne, mais nul besoin d'être victime pour se rendre compte du problème. Comment vivre dans une société où la moindre manifestation se finit dans la violence ? Où des adolescents peuvent mourir sans ne serait-ce qu'un début de remise en question judiciaire et législative ? Que se passe-t-il dans le for intérieur de celles et ceux qui composent cette grosse machine ? J'ai envie de croire que cette violence les dérange tout autant que moi, qu'ils sont contraints, qu'ils n'ont plus de libre arbitre. J'ai envie de les comprendre.

Fin 2020, devant ces uniformes, je pense surtout à un autre homme en uniforme. Pierre Fratani, mon arrière-grand-père, flic sous Vichy. Quand l'obéissance menait à la mort de milliers d'innocents.

1

Pierre Noël Fratani, né le 14 février 1907 à Vezzani (Corse), père d'Alfida Marguerite Fratani, ma grand-mère.

Dans ma famille, la parole est reine. Les déjeuners s'étendent toujours jusque tard dans l'après-midi. Entrée, plat, fromage, dessert, café, chocolat... Comme s'il nous fallait un prétexte gustatif pour continuer à discuter.

J'ai toujours adoré écouter mes grands-parents me raconter leur enfance. Étant tous les deux nés en 1940, à Paris, leurs premiers souvenirs sont marqués par la guerre et l'Occupation. Les images fugaces de camions bruns, le bruit des avions de chasse, le goût des pommes de terre et des rutabagas. Petite, déjà, je voulais tout savoir. « Papy, t'as déjà vu des nazis ? Et des bombardements ? Mamie, comment tu faisais pour manger ? Tu connaissais des Juifs ? Est-ce que tes parents étaient résistants ? »

Alain, mon grand-père, était prof d'histoire-géographie au lycée, à Arcachon. Il en revenait toujours au contexte, nous expliquant comment Pétain était arrivé au pouvoir, ou comment Hitler était passé de peintre viennois médiocre à dictateur génocidaire à Berlin. À deux doigts du cours magistral, il se tenait en bout de table, droit sur sa chaise, immobile, avec un calme de grand sage. Et puis, d'un coup, il s'agitait et se mettait à nous raconter des scènes historiques comme si on y était, à grand renfort de mouvements de bras, changeant de ton, interprétant des dialogues. Mon grand-père faisait partie d'une troupe de théâtre associative.

Plus jeune, cela finissait par m'ennuyer, je décrochais le plus souvent, hochant la tête de temps en temps pour donner le change. Le jour où j'ai compris qu'il était atteint d'un cancer incurable et que je ne l'aurais plus très longtemps à mes côtés, j'ai mesuré ma chance et je me suis à mon tour prise de passion pour l'histoire. Les petites histoires qui font la grande, celles qui résonnent dans le présent. Quand j'allais chez mes grands-parents, un week-end par mois environ, je lui faisais un récap de ce que j'avais appris en cours, des livres que j'avais lus. Je me sentais tellement fière, tellement comprise. Cela va faire dix ans qu'il est mort, et pas un jour ne passe sans que je pense à lui. Les repas de famille ne sont plus les mêmes sans son enthousiasme et sa passion.

Aussi loin que je me rappelle, ma grand-mère Alfida se tenait assise à ses côtés, à l'écouter religieusement. De temps en temps, elle se permettait d'ajouter son grain de sel, de compléter. Elle l'admirait pour sa culture et ses talents de conteur. Aujourd'hui, elle s'arrête souvent au milieu de ses anecdotes, agacée d'elle-même, comme si ce qu'elle racontait n'était jamais aussi intéressant, jamais aussi riche ni aussi précis que les monologues de son époux. « Ton grand-père aurait beaucoup mieux raconté ça. » Pourtant, elle est douée, elle aussi.

Il y a quelques années, j'ai commencé à l'enregistrer discrètement avec mon téléphone. Pour garder une trace. Ma grand-mère ne nous donne pas des cours d'histoire, elle ne nous dresse pas le portrait des grands dictateurs du XXe siècle, ne nous décrit pas les stratégies militaires de Bonaparte… Elle nous parle des hommes et des femmes, de nos ancêtres, de l'histoire de son prénom – arabe –, dont l'origine est mystérieuse, puisqu'il lui vient de sa propre grand-mère complètement corse. Elle a l'art de faire monter le suspense, de me faire rire ou de m'émouvoir aux larmes. Je bois ses paroles, avide de la moindre miette.

Alfida nous parle souvent de ses parents, Raymonde et Pierre, décédés à quelques mois d'intervalle, la laissant orpheline à dix-neuf ans. Les larmes ne sont jamais loin. Des décennies après, le sujet reste difficile. Ses parents lui manquent, elle n'a pas eu la chance de se construire auprès d'eux. Absents de leur vivant, puis partis trop tôt. Raconter leur histoire, c'est les faire revivre, leur offrir une continuité dans l'esprit de ses petits-enfants. Au milieu du chagrin, on sent toute sa joie de se replonger dans sa mémoire, de retrouver ses parents en souvenir, même quelques instants.

Raymonde et Pierre se sont rencontrés avant la guerre via les petites annonces d'un journal, *Le Chasseur français*, le Tinder de l'époque. Raymonde était ingénieure chimiste, féministe, elle est morte d'un cancer probablement provoqué par ses recherches. Bel homme, charmeur et vaguement excentrique, Pierre avait quitté sa Corse natale pour s'engager dans la marine avant de devenir policier. Il est mort en 1963, peu après le décès de sa femme, dont il était – paraît-il – éperdument amoureux.

Petite, j'imagine Pierre en aventurier qui fait le tour du monde en bateau avant de trouver l'amour et de devenir un inspecteur extrêmement courageux et intrépide, résolvant des enquêtes en un tournemain et sauvant la veuve et l'orphelin. Un mélange d'Hercule Poirot et de Robinson Crusoé.

J'ai huit ou neuf ans quand je découvre l'horreur de la Shoah dans un livre, *Mon amie Anne Frank*. Alison Leslie Gold y donne la parole à Hannah Goslar, amie d'enfance d'Anne Frank et survivante des camps. Quand je suis arrivée à la dernière ligne, mon réflexe a été de revenir au début pour tout relire. Je n'arrivais pas à intégrer que c'était entièrement vrai, que cette abomination s'était réellement produite. Je me souviens même m'être assurée auprès de mon grand-père que ce que je lisais n'était pas une autre fiction, comme *Star Wars* ou le *Seigneur des anneaux*[1]. Le livre se déroule aux Pays-Bas et en Allemagne, mais il m'explique que la Shoah a eu lieu dans toute l'Europe, y compris en France. Et ce, avec le concours de l'État français, mené par Philippe Pétain et son gouvernement.

Ainsi, le 30 octobre 1940, paraît la première loi de Vichy sur le statut des Juifs.

> Nous, Maréchal de France, chef de l'État français,
>
> Le conseil des ministres entendu,
>
> Décrétons :
>
> Art. 1er – Est regardé comme juif, pour application de la présente loi, toute personne issue de trois grands-parents de race juive ou de deux grands-parents de la même race, si son conjoint lui-même est juif.

1. J'ai compris bien plus tard que la Seconde Guerre mondiale a en réalité inspiré ces deux œuvres marquantes de mon enfance.

Sont ensuite listées toutes les professions dont les Juifs sont désormais exclus, à savoir la quasi-totalité des professions de la fonction publique et des médias. Comme Anne Frank et Hannah Goslar, les Juifs français doivent porter l'étoile jaune, sous peine d'être arrêtés, emprisonnés et déportés.

Il m'a fallu encore plusieurs années pour faire le lien avec mon arrière-grand-père, et comprendre l'étendue du mythe dressé autour de lui.

Je suis en classe de troisième, je passe le week-end chez mes grands-parents, nous sommes attablés dans leur petite véranda. Cela fait quelque temps que j'étudie la Seconde Guerre mondiale en cours d'histoire. Forcément, on en discute, je pose des questions. Et là, ça me frappe : si Pierre était policier après la guerre, il devait aussi l'être pendant… Quel rôle a-t-il joué ?

— Au fait, Mamie, il faisait quoi, ton père, *pendant* la guerre ?

Je ne sais pas pourquoi je n'y avais jamais pensé avant.

— Mon père était policier à Paris.

— Ah.

— À la Libération, il a été accusé d'avoir collaboré avec les nazis. Il a été arrêté et jeté en prison, à Fresnes, pour être finalement libéré un an plus tard.

Malaise. Mes frères et moi sommes abasourdis face à ces révélations, lâchées aussi abruptement. Ma grand-mère, d'habitude si souriante, a le visage grave. Tout de suite, elle répond à notre stupeur.

— Il a aidé des Juifs à s'enfuir de Paris, il a aidé des résistants, c'est pour cela qu'il a été innocenté.

— Mais, Mamie… La rafle du Vél' d'Hiv ? C'est la police parisienne…

Les 16 et 17 juillet 1942, 13 152 Juifs, dont 4 115 enfants, sont arrêtés à leur domicile en région parisienne, parqués dans des conditions inhumaines, avant d'être envoyés vers les camps de la mort. Seuls une centaine d'adultes en reviendront. C'est la plus grande rafle d'Europe.

— Non, lui n'y a pas participé ! proteste ma grand-mère dans un cri du cœur. Et il me parlait toujours avec colère de ceux qui avaient exécuté les ordres sans réfléchir. Il m'a aussi dit que certains de ses collègues avaient pu prévenir des familles et les sauver.

Collabo, collabo, c'était un collabo… Ma grand-mère se voile la face, c'est sûr, elle essaie de défendre son père malgré les évidences… Comment peut-on être policier sous Vichy sans collaborer avec les nazis ? Pétain a utilisé sa police pour arrêter et déporter des Juifs, et pas seulement lors du Vél' d'Hiv. Vichy, c'est 76 000 Juifs, dont plus de 11 000 enfants, déportés avec le concours de la police et de la gendarmerie. Et les résistants ont également été pourchassés.

Quelques semaines avant cette conversation, je suis allée au musée de la Résistance et de la Déportation de Toulouse avec ma classe. Nous y avons rencontré une ancienne résistante, survivante de la déportation, très âgée et passionnante. Je me souviens avoir pleuré en l'écoutant. Je me souviens aussi avoir noté qu'elle n'avait pas été arrêtée par la Gestapo ou par les SS, mais bien par la police française.

À ma grand-mère, je ne dis rien de plus, même si je n'en pense pas moins. J'ai la nausée. Je lance des regards au reste de la famille, autour de la table. Ma mère fait une petite moue et essaie de changer de sujet, mes frères acquiescent poliment. Mon scepticisme semble partagé. Mais je projette peut-être mes propres interrogations sur les autres. Et mon grand-père de dire, comme pour l'attester : « Oui, c'est vrai, des policiers ont aidé des Juifs, y compris pendant la rafle du Vél' d'Hiv. » Le sujet est clos.

Nous n'en avons plus vraiment reparlé tous ensemble mais, les années passant, cette certitude ne m'a jamais quittée. Elle s'est transformée en honte. Une ritournelle qui revenait inlassablement : *Je descends d'un flic qui a contribué à l'arrestation, et donc au massacre, d'innocents.*

D'une certaine manière, je me suis construite dans le creux de cette honte. À la fin du collège, j'ai commencé à exprimer mes premières opinions politiques, mue par ce qui me semblait juste. On est en 2012, c'est l'élection de François Hollande et les débats sur le mariage pour toutes et tous. Je voyais, révoltée et écœurée, les images des manifestations pour « un papa et une maman » à la télévision. Des marches guidées, sous leur apparence proprette, par la haine des autres. Au lycée, j'ai découvert qu'un de mes camarades, avec qui je m'entendais bien, se rendait à Paris en famille le week-end pour manifester. J'ai arrêté de lui parler du jour au lendemain. Hantée par l'idée que je devais faire mieux que mon aïeul, j'ai développé une intransigeance morale parfois excessive. Comme s'il fallait que je me rachète pour ses actes supposés.

J'ai l'impression qu'un sang vicié coule dans mes veines, qu'il faut que je l'extirpe de moi. Je veux me purger, sortir tout mon sang de mon corps, le filtrer, passer au tamis mes cellules, arracher cette partie de moi, la brûler pour ne plus jamais sentir cette culpabilité qui me ronge la peau.

Une fois révélé, le sujet est devenu presque tabou. Ma grand-mère continue de temps à autre à le ramener sur la table, évoquant un dossier. « Vous lirez le dossier de mon père et vous comprendrez. » La simple mention de ce document me plonge dans une sorte de gêne. Elle a l'air de regretter qu'on ne veuille pas le consulter. Sa déception me bouleverse, mais c'est plus fort que moi.

Ma mère, mes frères, moi... Je crois que l'on a tous trop peur de ce que l'on pourrait y découvrir. J'imagine un tiroir de métal noir, entouré d'une aura froide, lugubre et maléfique. Je suis paralysée à l'idée de l'ouvrir. Je ne visualise même pas les documents, juste ce meuble rempli de secrets macabres. Moi qui suis d'habitude très curieuse, je refuse de m'en approcher.

2

Fresnes, le mercredi 23.01.46

Chérie,

Pierre s'arrête. Il écrit dans son cahier, déjà bien affiné. Lorsqu'il aura terminé, Pierre arrachera les pages pour les envoyer à Raymonde. Il ne reste plus beaucoup de papier, et il n'a pas envie de faire trop de ratures.

Je viens de recevoir ton colis. Parfait, ma poule. J'ai remarqué qu'il n'y avait pas de beurre et ai été un peu étonné attendu qu'hier au parloir tu m'as dit que la tante à Jean[1] *t'en avait vendu – peut-être cher. Je ne t'en fais pas le reproche. L'aurais-je perdu en remontant dans ma cellule. Tu m'en parleras !*

Il s'arrête encore. Il relit sa phrase, puis hoche la tête. Il sait que sa lettre sera lue par le personnel de prison. Les condamnés à mort dans la cour, les crachats dans sa ration… Pierre le racontera lorsqu'il sera libre, lavé de ces accusations. Ou peut-être jamais.

1. Nous avons pris le parti de reproduire tels quels les écrits de l'époque, y compris les erreurs de syntaxe et les fautes d'orthographe.

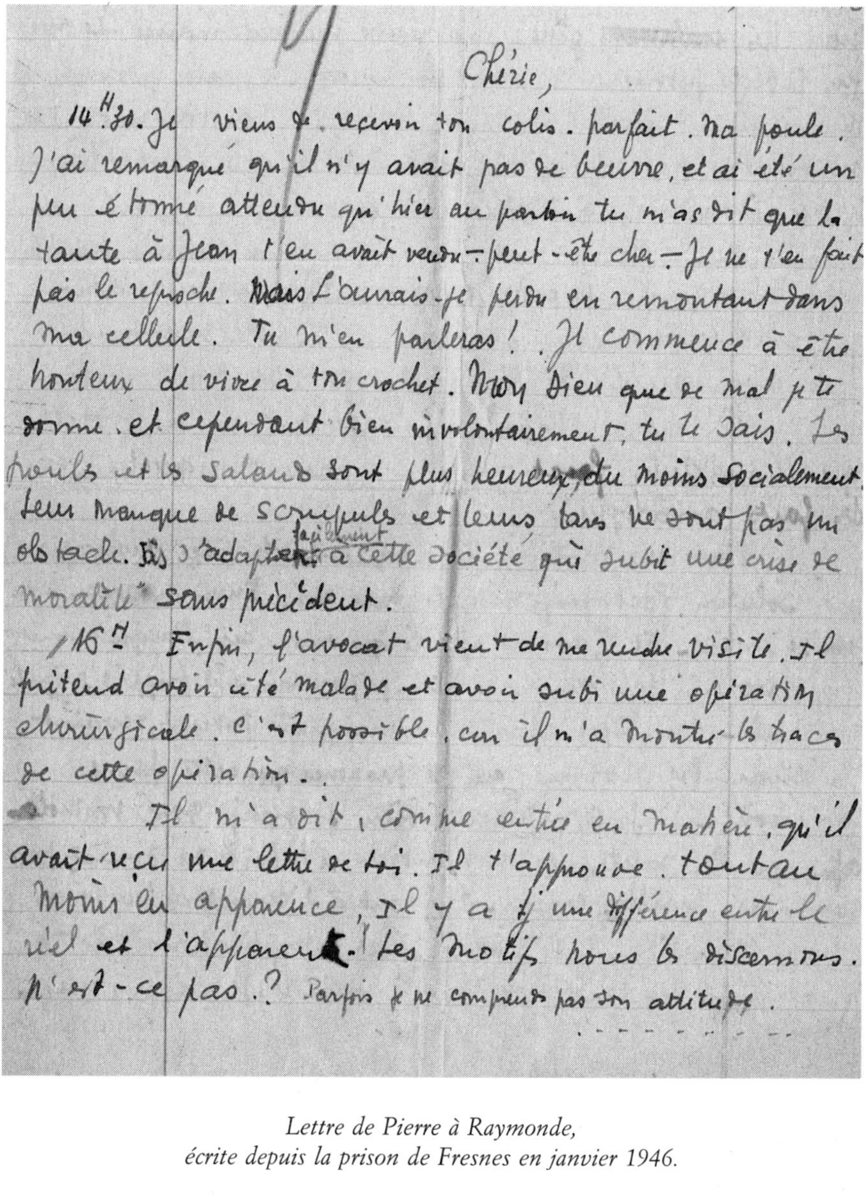
Chérie,

14H30. Je viens de recevoir ton colis. parfait. ma poule. J'ai remarqué qu'il n'y avait pas de beurre, et ai été un peu étonné attendu qu'hier au parloir tu m'as dit que la tante à Jean t'en avait vendu. peut-être cher. Je ne t'en fait pas le reproche. Mais l'aurais-je perdu en remontant dans ma cellule. Tu m'en parleras! Je commence à être honteux de vivre à ton crochet. Mon Dieu que de mal je te donne. et cependant bien involontairement, tu le sais. Les pourris et les salauds sont plus heureux, du moins socialement. Leur manque de scrupules et leurs tares ne sont pas un obstacle. Ils s'adaptent facilement à cette société qui subit une crise de moralité sans précédent.

16H. Enfin, l'avocat vient de me rendre visite. Il prétend avoir été malade et avoir subi une opération chirurgicale. c'est possible. car il m'a montré les traces de cette opération.

Il m'a dit, comme entrée en matière, qu'il avait reçu une lettre de toi. Il t'approuve. tout au moins en apparence, Il y a tj une différence entre le réel et l'apparent. Les motifs nous les discernons. N'est-ce pas? Parfois je ne comprends pas son attitude.

- - - - - - - -

Lettre de Pierre à Raymonde,
écrite depuis la prison de Fresnes en janvier 1946.

Je commence à être honteux de vivre à ton crochet. Mon Dieu que de mal je te donne, et cependant bien involontairement, tu le sais.

Un détenu crie. Pierre sursaute, sa plume ripe. Il se dirige vers la porte, curieux. Il ne peut pas voir ce qu'il se passe, le bois occulte toute vue sur l'intérieur de la prison. Il approche son oreille pour mieux entendre. Il distingue le claquement des talons du détenu sur le parquet dur du couloir. Pierre l'imagine les yeux fous, les cheveux hirsutes. Il l'entend s'approcher.

— Pardonne-leur, ils ne savent pas ce qu'ils font[1]. Pardonne-leur, ils ne savent pas ce qu'ils font. Pardonne-leur, ils ne savent pas ce qu'ils font. Pardonne-leur, ils ne savent pas ce qu'ils font. Pardonne-leur, ils ne savent pas ce qu'ils font.

La même litanie, la même prière, encore et encore. Il est emmené au bout du couloir, direction le peloton d'exécution.

Pierre se rassied sur la chaise enchaînée au mur, devant la petite planche de bois qui fait office de bureau. La lumière du jour commence à bien éclairer la pièce, striée des ombres des barres de fer. Lorsqu'il se replonge dans sa lettre, Pierre découvre un trait grossier qui parcourt le haut de la page. *Ch'è tù crepi*[2] *!*

— Fratani !

Pierre relève la tête. De la lumière s'infiltre par le judas habituellement fermé, et il devine la présence du garde juste derrière la porte. Celui-ci doit être en train de le regarder.

---

1. Phrase tirée du Nouveau Testament, Luc 23:34, lors du récit de la crucifixion de Jésus-Christ.
2. « Crève », en corse.

Pierre remet sa plume dans l'encrier et se lève. Il jette un coup d'œil à son compagnon de cellule. Un Russe, qui parle très peu français mais est bon chanteur. Le garde ouvre la porte et le laisse sortir de la cellule. Il tient sa matraque à la main, prête à l'usage si besoin. Son képi est bien droit.

— Ton avocat est là.

Ils avancent, Pierre en tête. Le parquet qui longe le mur froid des cellules craque sous ses pas. Un long garde-corps métallique peint en blanc borde le vide. Pierre n'ose pas regarder en bas. Voir le sol du rez-de-chaussée à travers ce gouffre lui donne le vertige. Combien de prisonniers désespérés ont envisagé (ou ont tenté) de sauter ? Il craint de connaître la réponse.

Lorsque Pierre entre dans la pièce, son avocat se lève.

— *Bonghjornu*[1].

Les deux hommes se serrent la main, malgré les menottes aux poignets de Pierre. Celui-ci sourit faiblement, les lèvres pincées. Il sent un poids peser sur sa poitrine. Les muscles de ses bras, de ses épaules et de son dos se tendent à l'idée de ce qui va suivre. Il a peur. Peur de ce que l'avocat va lui annoncer, peur que sa situation n'empire.

Maître Casanova paraît tendu, lui aussi. Assis, il semble plus petit qu'il ne l'est réellement. Des cernes creusent des sillons sous ses paupières. Son habituelle fougue corse est comme éteinte.

Pierre s'assied sur la chaise en face. Il attend.

— J'ai reçu une lettre de votre épouse.

Pierre hoche la tête lentement, mécaniquement. Il l'écoute à peine, soudain fasciné par le mur en brique gris et humide derrière son avocat.

1. « Bonjour », en corse.

Maître Casanova se tait quelques secondes. Il prend une grande inspiration.

— Je suis désolé d'avoir mis autant de temps à venir vous voir. J'étais malade. J'ai dû être opéré.

Pierre hausse un sourcil. Ses bras sont croisés, comme pour gonfler ses volumes. Il veut paraître à la fois détendu et menaçant. Un vrai bœuf dans cette cage, capable de tout encaisser. Il a encore perdu du poids depuis son arrivée à Fresnes, il y a six mois et deux jours. Six mois et deux jours qu'il traîne dans cette geôle. Le poids dans sa poitrine se fait encore plus lourd.

Maître Casanova se contorsionne légèrement, relève son pull et sa chemise. Un pansement s'étend sur une bonne partie de son ventre. Pierre soupire bruyamment, mais ne dit toujours rien. L'avocat rabaisse ses vêtements.

— Comment avance le dossier ?

Les premiers mots de Pierre.

— Le juge envisage d'envoyer votre dossier à la cour de justice, et ensuite à la chambre civique.

— Pardon ?

Pierre a presque crié. Les quelques notions de justice qu'il possède viennent de sa carrière à la Sûreté nationale, et de ce qu'il lit dans la presse. C'est lui qui envoie les délinquants à la justice, pas l'inverse. Et cette cour-là… La chambre civique. Elle n'a été créée *que* pour juger les collabos. La peur et la colère l'envahissent dans un même élan.

— Vous devriez être acquitté pour les faits qui vous sont reprochés par la cour de justice. Mais la chambre civique pourrait quand même vous frapper d'indignité nationale.

Pierre se lève. Même acquitté, on le reconnaîtrait coupable de collaboration. L'indignité nationale… C'est le coup de grâce.

Ordonnance du 26 août 1944 instituant l'indignité nationale :

Tout Français qui, même sans enfreindre une règle pénale existante, s'est rendu coupable d'une activité antinationale caractérisée s'est déclassé : il est un citoyen indigne dont les droits doivent être restreints dans la mesure où il a méconnu ses devoirs. [...] Le souci d'une stricte justice a toutefois conduit à prévoir la possibilité de relever de l'indignité nationale les individus qui se sont réhabilités par des exploits de guerre ou par leur participation active à la résistance et d'accorder des circonstances atténuantes aux individus victimes de la pression ennemie.

L'indignité nationale emporte : 1° La privation des droits de vote, d'élection, d'éligibilité, et, en général, de tous les droits civiques et politiques et du droit de porter aucune décoration ; 2° La destitution et l'exclusion des condamnés de toutes fonctions, emplois, offices publics et corps constitués ; 3° La perte de tous grades dans l'armée de terre, de l'air et de mer ; etc.

On le destituerait de ses fonctions. Il n'aurait plus aucun droit civique. Une véritable mise à mort sociale et judiciaire. L'ex-inspecteur deviendrait un moins-que-rien, un sous-Français. Alors que les délateurs, tous ceux qui sont venus au commissariat dénoncer leurs voisins… Pierre ne les voit pas dans la cour de la prison ! Et les policiers zélés, les vrais collabos, la plupart d'entre eux non plus n'ont pas été jetés derrière les barreaux ! Et ceux qui l'ont été, comme les hauts fonctionnaires de Vichy, bénéficient des faveurs des gardiens. Perchés au dernier étage de Fresnes, les « haute cour[1] » ont même l'opportunité de sociabiliser, comme si la prison était un genre de salon de thé. Alors que les autres détenus restent reclus dans leur cellule, avec pour seule ouverture sur le monde une fenêtre à barreaux. Et lorsque Pierre sortira, il sera marqué au fer rouge, tel un traître à la nation. Le seul fait d'avoir, comme la plupart, fait son travail le marque de cette honte à vie. *Je serai donc immolé afin que les saletés, les immondices de la Sûreté nationale ne soient pas connues.*

Tout ça, c'est la faute d'Orabona. *Trahi par un Corse !* Pourquoi fallait-il qu'il l'implique dans ses intrigues contre Forgues ?

Pierre n'en peut plus. Il crie. Répète ses arguments, les témoins qui peuvent parler en sa faveur, les voisins de palier qu'il a sauvés en les prévenant d'une visite de la police. Et l'ordonnance ne prévoit-elle pas des circonstances atténuantes pour ceux qui ont été « victimes de la pression ennemie » ? Les flics ne sont-ils pas les plus sous pression ? Il s'égosille, martèle la table pour ponctuer ses phrases, tape du pied dans sa chaise. Elle grince sur le sol de la prison.

Deux gardes entrent dans la pièce. L'un d'entre eux lui fait une clé de bras. Pierre ne se débat pas. Il a l'habitude, maintenant. En quelques mouvements, il est plaqué contre le mur. Il sent le genou du garde contre son mollet. Ce dernier le mettra au sol si besoin. Le mur est froid contre la joue de Pierre.

Quand Pierre assure s'être calmé, le garde le relâche. Il se rassied. Son regard est fuyant, il ne s'excuse pas.

---

1. Surnom donné aux hauts fonctionnaires amenés à être jugés par la Haute Cour de justice. Dans l'attente de leur procès, ils étaient enfermés au même étage (voir Bénédicte Verger-Chaignon, *Vichy en prison. Les épurés à Fresnes après la Libération*, Gallimard, 2006).

— Ils n'ont aucun élément contre moi, ils veulent seulement me faire condamner.

La voix de Pierre est ferme. En lui, la colère gronde encore à l'idée que la sentence soit prononcée avant même l'ouverture de son procès.

Le garde referme bruyamment la porte de la cellule. Pierre retourne s'asseoir au bureau, il relit sa lettre. Son humeur est bien moins bonne.

16 heures. Enfin, l'avocat vient de me rendre visite. Il prétend avoir été malade et avoir subi une opération chirurgicale. C'est possible, car il m'a montré les traces de cette opération.

Il m'a dit, comme entrée en matière, qu'il avait reçu une lettre de toi. Il t'approuve. tout au moins en apparence. Il y a tj une différence entre le réel et l'apparent. Les motifs nous les discernons, n'est-ce pas ? Parfois, je ne comprends pas son attitude.

Il s'arrête. Il prend une grande respiration, essaie de rassembler ses pensées avant d'entrer dans le vif du sujet. Il évoque sa déchéance presque certaine, la chambre civique. Son écriture se fait plus rapide alors qu'il couche sur le papier sa frustration. Sa plume bave à de multiples reprises. Tant pis.

Je crois qu'il serait utile d'aller voir avant mardi l'avocat pour te rendre compte et me rapporter des nouvelles fraîches. Nous arrivons au point culminant, il ne faut pas perdre de temps. C'est le dernier quart d'heure. Il ne faut pas négliger actuellement aucune démarche.

Enfin, fait pour le mieux.

Mardi, je te parlerai plus longuement.

Je t'embrasse.

Pierre

Il pose sa plume et souffle. Après relecture, il ajoute quelques précisions entre les phrases, au crayon à papier. Les taches d'encre transpercent la page, mais le texte reste lisible. Il hoche la tête et arrache les feuilles de son cahier.

Maintenant désœuvré, Pierre frissonne. Son codétenu chante, un opéra russe qu'il ne connaît pas. Pierre est plus familier des chants italiens ou français. Mais il n'a pas la tête à la musique. Il se réfugie sous la fine couverture de sa couchette et repense à la conversation avec son avocat. À son altercation avec Orabona, l'an dernier. Aux exécutions dans la cour.

Il se souvient de Pierre Laval, fusillé le 15 octobre 1945, à peine quelques mois plus tôt. Finira-t-il comme le chef du gouvernement de Vichy, qui a déclaré à la radio : « Je souhaite la victoire de l'Allemagne » ? Finira-t-il lui aussi arrêté et condamné à la peine de mort et à l'indignité nationale ? Il était déjà en prison, ce matin-là. Les heures s'étaient étirées à l'infini dans une impatience et un ennui bien connus des détenus. Tous attendaient nerveusement l'arrivée de l'ancien homme d'État devant le peloton d'exécution, retardée après une tentative de suicide au cyanure. Puis Pierre avait vu passer Laval dans la cour, à travers sa fenêtre. Un homme défait.

« Assassins ! Vive Laval[1] ! » Les cris des prisonniers politiques sifflent encore dans les oreilles de Pierre. Un souvenir qui résonne étrangement avec les hurlements du détenu entendus plus tôt dans la journée. Sa litanie lui tourne maintenant en boucle dans la tête.

Pardonne-leur, ils ne savent pas ce qu'ils font.

1. *Le Figaro histoire*, nº 74, juin-juillet 2024.

3

Mars 2020

Je passe le confinement seule dans mon studio parisien, à potasser les concours des écoles de journalisme. Je lis la presse, je regarde des films, j'écoute des podcasts… Et je pense beaucoup à Pierre, de plus en plus. Au fil des semaines, une petite graine germe dans ma tête… Quand je fais la vaisselle : *Un podcast sur Pierre, ça pourrait être intéressant ?* Je rince mon assiette. Quand je remplis mon attestation de sortie : *Non, personne ne va vouloir écouter ça. Et puis, est-ce que je veux vraiment dire au monde entier que je descends d'un collabo ?* Je signe mon bout de papier. Quand je dois faire mon autoportrait pour le dossier d'une école : *En même temps, on doit être nombreux à vivre avec cette honte ? Je rencontre souvent des personnes disposées à me parler de leurs grands-parents résistants, mais personne d'assez honnête pour dire : « Ma famille est du mauvais côté de l'Histoire. »*

Une pensée parasite revient sans cesse, prête à définitivement poser ses valises dans mon esprit : *Il faut que j'enquête sur Pierre.*

Je secoue la tête, tentative désespérée de chasser cette idée. *Et si je me faisais un café ?* Je me lève. *Et s'il était vraiment collabo ? Si j'en trouvais toutes les preuves, malgré ce qu'affirme Mamie ?* Hors de question. Je crois que je veux savoir. Certes, le doute est inconfortable, mais suis-je prête à affronter la vérité ?

C'est la fin du confinement. L'été arrive, plus besoin de justificatifs pour sortir de chez soi, je peux de nouveau prendre le train, voir mes amis, ma famille… Nous vivons un retour collectif à la réalité de nos existences ; tout le monde prétend que la page du Covid est tournée. Pour moi, c'est une période trouble, entre joie et tristesse, fierté et deuil.

Je viens juste d'apprendre ma réussite aux concours et ma destination à la rentrée prochaine, quand mon père m'annonce que ma belle-mère est en soins palliatifs. Un trou immense siège à la place de mon estomac.

Avec Marie-Claire, ma belle-mère, cela doit faire quatre ans et demi que nous ne nous sommes pas adressé la parole. Nous étions brouillées, comme irrémédiablement irréconciliables. Elle n'avait pas souhaité m'informer de son état de santé plus tôt. Je suis dévastée, sous le choc.

J'avais huit ans quand Marie-Claire a débarqué dans ma vie. À cette époque, j'étais une enfant assez sauvage. Je ne comprenais pas les normes que les adultes voulaient m'imposer. Réfractaire à l'orthographe et à l'autorité, j'étais assez mauvaise en classe. « On n'a qu'à écrire comme ça se prononce ! » Ma belle-mère, qui était professeure des écoles, est la première adulte à m'avoir regardée comme une petite humaine à part entière. La première fois qu'elle est arrivée chez nous, ses valises étaient chargées d'albums jeunesse. Elle m'a demandé si j'aimais lire, j'ai répondu que non. Elle m'a demandé pourquoi, et j'ai expliqué que je n'étais pas assez intelligente pour lire des livres sans images… La confiance en soi, ça n'a jamais été mon fort. « Bien sûr que tu es capable de lire des livres, avec ou sans images. »

Lors de cette première visite, elle m'a mis *Blaise et le château d'Anne Hiversère* de Claude Ponti entre les mains. Un album immense où l'on suit une armada de poussins voulant construire un château géant en gâteaux pour leur amie Anne. Sur la première page, une dédicace de l'auteur. Manifestement, ce monsieur pense aussi que je suis capable de lire des livres. J'ai passé des heures le nez collé aux pages, à me perdre dans les dessins, à chercher tous les détails, tous les clins d'œil cachés. Puis, des images, je suis passée aux mots, avec lesquels Claude Ponti joue énormément. C'est comme ça que mon éducation à la littérature a débuté, sous le regard bienveillant et les encouragements de ma belle-mère. Par la suite, elle m'a mis un nombre incalculable de livres dans les mains, m'ouvrant les portes d'un univers dont je me pensais exclue à jamais.

Je la considère comme ma seconde mère, malgré tout.

— Tu veux la voir ? me demande mon père au téléphone.

Bien sûr.

À l'hôpital, je la trouve allongée, émaciée, intubée. Elle porte une robe verte. Je suis intimidée, j'ai peur qu'elle ne partage pas mon envie de pardon, qu'elle ne soit pas réceptive à mes mots. Mais le sourire qu'elle m'adresse quand j'entre dans la pièce est si doux, comme une caresse qui viendrait instantanément refermer mes plaies.

Nous passons plusieurs heures à discuter, à rattraper le temps perdu. Je pleure de joie et de peine. J'attendais ces retrouvailles depuis si longtemps. Et nous savons toutes les deux qu'elles n'auraient pas été possibles autrement. Je veux lui dire combien elle m'a appris, combien je tiens d'elle. Sans réfléchir, je lui annonce, comme une promesse faite à nous deux, que je vais enquêter sur mon arrière-grand-père. Ce que je dis, je me rends compte que je le pense. Je souris : *Oui, je vais enquêter sur Pierre Fratani.*

Son visage s'illumine sous l'effet de la curiosité. Elle n'a aucun lien avec cet homme, puisqu'il s'agit du grand-père de ma mère, mais elle sait reconnaître une bonne histoire. Elle ne pourra pas reconnaître les résultats de cette enquête, néanmoins je veux qu'elle sache que je vais travailler d'arrache-pied, chercher la vérité, écrire. Que je vais rendre hommage aux récits qu'elle m'a mis dans les mains.

Ma belle-mère meurt quelques jours plus tard. On l'enterre. Je trouve un nouvel appartement. J'entre en master de journalisme. Les semaines passent, un nouveau confinement, la loi sécurité globale, la manif devant l'Assemblée nationale, la nasse, les policiers qui chargent…

Et Pierre. Je dois me laver de cette histoire, détruire l'incertitude.

C'est vertigineux. Je sens au plus profond de moi que j'ai besoin d'affronter ce doute qui me ronge depuis trop longtemps. Je ne peux plus me contenter de le cultiver par crainte du pire. Il faut que je sache d'où je viens. Il faut que je découvre qui était vraiment Pierre Fratani. Et, pour ça, il faut que je commence par ouvrir le fameux dossier de ma grand-mère.

Je me prends au jeu, m'imagine en journaliste d'investigation qui, après avoir passé des mois, des années, à arpenter les ombres, révèle enfin la vérité. Cette saine vérité qui permet d'aller de l'avant en sachant sur quoi nos existences reposent. Mi-Sherlock Holmes, mi-justicière des Temps modernes, je me vois déjà sortir une loupe pour déchiffrer de minuscules lettres manuscrites. Exposer ainsi les mensonges que ma famille et moi nous sommes racontés pendant bien trop longtemps. Si je dis au monde que je descends d'un collabo, et que je n'ai rien à voir avec lui, ne suis-je pas affranchie de son héritage ? Montrer l'horreur, reconnaître son existence tout en la dénonçant, n'est-ce pas faire preuve de grandeur morale ?

Dans le silence de mon confinement solitaire, la crainte qui m'a si longtemps habitée se mue progressivement en excitation. J'ai un projet, je vais faire quelque chose de cette histoire familiale, mon enquête sera utile à tous. Je vais pouvoir incarner l'enquêtrice que j'ai toujours voulu être. Et peut-être ma belle-mère sera-t-elle fière de moi.

Tout cela n'est qu'un fantasme, bien sûr. Un délire adolescent dans lequel je plonge pour réconforter mon ego. Bonjour l'hypocrisie. Je me dis que je veux découvrir la vérité, mais, au fond, je suis persuadée que Pierre est coupable. L'affaire est déjà close : il est coupable jusqu'à preuve du contraire. Je refuse de sombrer trop tôt dans l'explication, dans la justification.

Pas question de m'arrêter au premier indice qui l'innocente. Il faut que j'aille jusqu'au bout. Un non-lieu ? Une personne juive témoignant en la faveur de mon arrière-grand-père ? Non. *Il m'en faut plus.* Il me faut comprendre, vraiment, ce qu'il s'est passé. Dans cette affaire, je joue d'abord les procureurs. Parodie mentale du procès de mon ancêtre.

— Mamie, j'aimerais enquêter sur ton père, pour savoir s'il a collaboré avec les nazis.

J'essaie d'être ferme, mais je suis un peu gênée. Pas vraiment une phrase que l'on prononce l'air de rien. Je suis prête à argumenter, à contrer point par point les résistances de ma grand-mère. Surprise : de l'autre côté du téléphone, c'est un soulagement immédiat.

— Depuis le temps que j'attendais que quelqu'un lise le dossier !

Assise sur mon lit, je me sens bien bête. Mon fantasme est déjà en train de s'émietter. Je comprends soudain mon erreur. Ma grand-mère ne s'est pas raconté de mensonges, elle n'a pas essayé de déguiser la vérité. Pendant tout ce temps, j'ai cru qu'elle érigeait le fameux dossier en preuve de l'innocence de son père. En réalité, elle n'a fait que me donner le peu d'éléments à sa disposition. Douter de son propre père, de sa version des faits, ne pas avoir pu lui poser directement la question, se raccrocher aux pages d'un dossier de défense pour se rassurer… Mon doute est en réalité le sien.

Je me sens le courage d'aller chercher les réponses à nos questions. Ce n'est pas mon pauvre petit honneur que je dois laver, ni ma grandeur morale que je dois prouver : c'est un pan de l'histoire de ma famille que je dois mettre au jour. Dans le noir, le blanc ou le gris, la vérité nous permettra de retrouver notre équilibre.

Qui étais-tu, Pierre Fratani ?

4

Février 2021

Je profite d'un week-end chez ma grand-mère pour récupérer, enfin, le dossier. Il est dans une simple chemise rouge. Pas aussi épaisse que je l'imaginais. Je visualisais un tel déluge de documents que je suis presque déçue de sentir son poids relativement léger dans ma main, de le voir physiquement contenu dans du carton.

Je rapporte le dossier chez moi, à Paris, je le pose sur mon bureau et je prends bien soin de ne pas y toucher. Je le regarde à peine, pour être honnête. Pourtant son aura continue de m'atteindre. Ouvrir cette chemise rouge me fait l'effet d'une montagne infranchissable. Je suis bloquée. Encore. Alors je le range dans un coin de mon appartement, et de ma tête.

En parallèle, je poursuis mes études de journalisme. L'été arrive, la première année touche à sa fin. À l'issue d'une journée chargée, mes camarades de promo et moi allons prendre un verre dans un bar près de notre école. On est des habitués, maintenant, et ce malgré les restrictions liées à l'épidémie de covid-19 qui rôde encore.

Le patron, un homme chauve de taille moyenne, assez mince, est en train de replacer les chaises de sa terrasse. Il nous salue avec un grand sourire et nous invite à nous installer. Une bière à la main, je me retrouve assise à côté de Gaëlle.

À ce stade, Gaëlle et moi ne nous connaissons pas si bien. Mais nous avons fait quelques soirées ensemble, pas mal de pauses-déjeuner, et je l'apprécie beaucoup. Elle est déjà un peu plus qu'une camarade, mais pas encore tout à fait une amie. Je la trouve drôle, franche, très sympathique. Elle a une façon bien à elle de parler de ce qui lui plaît, avec tout son corps, animée par une flamme d'enthousiasme qui donne envie d'aimer tout ce qu'elle aime.

Au détour de la conversation, je mentionne mon enquête, au point mort alors même qu'elle n'a pas encore tout à fait commencé. Le visage de Gaëlle s'illumine.

— Mais c'est super intéressant !

Et là, spontanément, je m'entends lui proposer :

— Ça te dit de travailler avec moi ?

— Carrément !

Nous sommes toutes les deux un peu pompettes. Sur le chemin du retour, je me dis qu'elle n'a pas pris le temps de réfléchir, qu'elle va changer d'avis. *Ça ne peut pas vraiment l'intéresser, d'enquêter sur l'aïeul de quelqu'un d'autre.* Mais non, deux jours plus tard, je lui envoie un message : *Toujours partante pour l'enquête ?* Réponse : *Carrément !* (Bis.) *Tu es dispo quand pour qu'on commence ?* Je vous ai dit que Gaëlle était enthousiaste…

On se donne rendez-vous dans le courant du mois de juillet pour s'y mettre. Et enfin ouvrir ce fichu dossier.

Il fait sombre pour un après-midi d'été. La pluie tape sur les carreaux, ricoche sur le toit. J'ai froid. Aujourd'hui, mon salon me paraît minuscule.

Mon cœur bat à huit mille.

Assise sur le bord du canapé en rotin, je regarde fixement la chemise rouge qui trône sur la table basse. Intimidant dossier dont la présence envahit la pièce.

Gaëlle est juste à côté de moi, penchée vers l'avant, concentrée. Elle jette quelques coups d'œil inquiets dans ma direction. Ça me rassure de la savoir là. *Si jamais ça fait mal, elle me rattrapera.*

Je prends une grande inspiration… Je défais les élastiques qui tiennent le dossier fermé, j'ouvre la chemise d'une main tremblante, les yeux déjà humides. On y est.

À l'intérieur, deux dossiers reliés, l'un bleu, l'autre rose. Aucune inscription pour nous orienter sur le classement des pièces. Au hasard, j'ouvre le rose.

Du papier jauni. Des copies carbone légèrement effacées. Des phrases manuscrites sur lesquelles la plume a laissé des pâtés. C'est une déferlante de documents. Un bazar sans nom. À voix haute, je lis sans comprendre tout ce qui me tombe sous les yeux. Je fais défiler les pages, hypnotisée.

Acte notarié

Rapport et PV

Affaire Forgues

Clerissi

Il n'est pas un de ces témoins qui à l'entrée et à la sortie du cabinet du Juge et par deux fois n'ait tenu en me serrant la main à m'exprimer toute leur reconnaissance et quelques-uns même manifestèrent leur indignation à propos de la situation qui m'était faite.

Direction générale de la Sûreté nationale

Lettres de Papa à Maman

FFI

— Ça veut dire quoi déjà, FFI ?

Soudain, sur un épais papier crème, de grandes lettres soigneusement calligraphiées :

Fratani, Pierre :

ex-inspecteur de la 1re Brigade de Police Mobile, à Paris. —

demeurant, 24, Bd. Richard Lenoir (11e) ___

———————

Annexe n° I de la page 1 à la page 4 —

une liste de 16 témoignages

————

Annexe n° II comprenant :

des attestations de personnes sauvées et des pièces de résistance.

————

Les fameux témoignages en faveur de mon arrière-grand-père.

Je tourne la page et tombe sur une feuille tapée à la machine à écrire. Cinq témoignages.

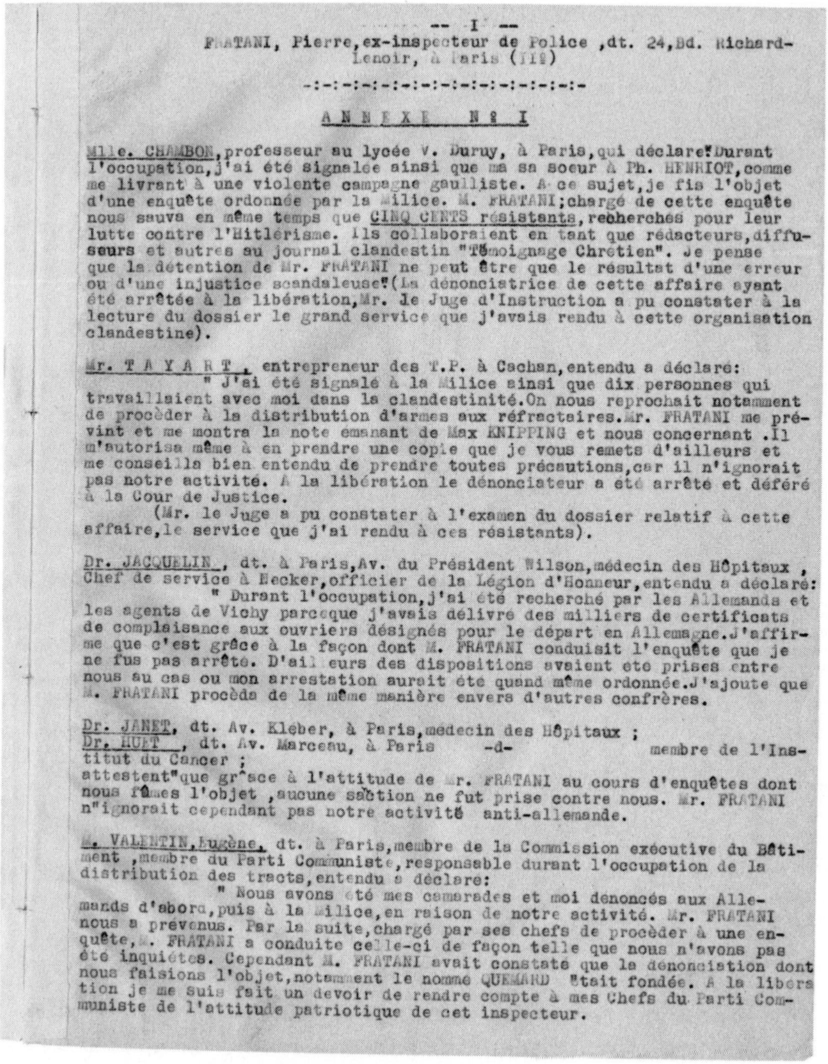

-- I --

FRATANI, Pierre, ex-inspecteur de Police, dt. 24, Bd. Richard-Lenoir, à Paris (XI°)

-:-:-:-:-:-:-:-:-:-:-:-:-:-:-

ANNEXE N° I

Mlle. CHAMBON, professeur au lycée V. Duruy, à Paris, qui déclare: "Durant l'occupation, j'ai été signalée ainsi que ma sa soeur à Ph. HENRIOT, comme me livrant à une violente campagne gaulliste. A ce sujet, je fis l'objet d'une enquête ordonnée par la Milice. M. FRATANI; chargé de cette enquête nous sauva en même temps que CINQ CENTS résistants, recherchés pour leur lutte contre l'Hitlérisme. Ils collaboraient en tant que rédacteurs, diffuseurs et autres au journal clandestin "Témoignage Chretien". Je pense que la détention de Mr. FRATANI ne peut être que le résultat d'une erreur ou d'une injustice scandaleuse" (La dénoncistrice de cette affaire ayant été arrêtée à la libération, Mr. le Juge d'Instruction a pu constater à la lecture du dossier le grand service que j'avais rendu à cette organisation clandestine).

Mr. TAYART, entrepreneur des T.P. à Cachan, entendu a déclare:
" J'ai été signalé à la Milice ainsi que dix personnes qui travaillaient avec moi dans la clandestinité. On nous reprochait notamment de procèder à la distribution d'armes aux réfractaires. Mr. FRATANI me prévint et me montra la note emanant de Max KNIPPING et nous concernant. Il m'autorisa même à en prendre une copie que je vous remets d'ailleurs et me conseilla bien entendu de prendre toutes précautions, car il n'ignorait pas notre activité. A la libération le dénonciateur a été arrêté et déféré à la Cour de Justice.
(Mr. le Juge a pu constater à l'examen du dossier relatif à cette affaire, le service que j'ai rendu à ces résistants).

Dr. JACQUELIN, dt. à Paris, Av. du Président Wilson, médecin des Hôpitaux, Chef de service à Necker, officier de la Légion d'Honneur, entendu a déclaré:
" Durant l'occupation, j'ai été recherché par les Allemands et les agents de Vichy parceque j'avais délivré des milliers de certificats de complaisance aux ouvriers désignés pour le départ en Allemagne. J'affirme que c'est grâce à la façon dont M. FRATANI conduisit l'enquête que je ne fus pas arrêté. D'ailleurs des dispositions avaient ete prises entre nous au cas ou mon arrestation aurait été quand même ordonnée. J'ajoute que M. FRATANI procéda de la même manière envers d'autres confrères.

Dr. JANET, dt. Av. Kleber, à Paris, medecin des Hôpitaux ;
Dr. HUET, dt. Av. Marceau, à Paris -d- membre de l'Institut du Cancer ;
attestent "que grâce à l'attitude de Mr. FRATANI au cours d'enquêtes dont nous fûmes l'objet, aucune sanction ne fut prise contre nous. Mr. FRATANI n'ignorait cependant pas notre activité anti-allemande.

M. VALENTIN, Eugène, dt. à Paris, membre de la Commission exécutive du Bâtiment, membre du Parti Communiste, responsable durant l'occupation de la distribution des tracts, entendu a déclare:
" Nous avons été mes camarades et moi denoncés aux Allemands d'abord, puis à la Milice, en raison de notre activité. Mr. FRATANI nous a prévenus. Par la suite, chargé par ses chefs de procèder à une enquête, M. FRATANI a conduite celle-ci de façon telle que nous n'avons pas été inquiétés. Cependant M. FRATANI avait constate que la denonciation dont nous faisions l'objet, notamment le nommé QUEMARD était fondée. A la libération je me suis fait un devoir de rendre compte à mes Chefs du Parti Communiste de l'attitude patriotique de cet inspecteur.

Annexe n°1 du dossier de défense de Pierre.
Les témoignages recueillis par Raymonde et les avocats de Pierre s'étalent ainsi sur plusieurs pages. Pierre ajoute parfois des commentaires entre parenthèses pour appuyer sa défense.

Pierre, emmené par ses anciens confrères, en plein commissariat, les mains menottées. Raymonde reste seule dans l'appartement. Seule face à ce sentiment d'impuissance, à ce gouffre qui s'ouvre sous ses pieds. Elle ne peut en parler à personne, ni aux amis, ni à la famille. Comment pourrait-elle ? La honte la tient par les tripes, souille ses vêtements, son appartement. Une saleté qu'aucun détergent ne peut laver.

Elle ne doit pas rester inactive. Plus que ça : elle ne *peut* pas rester inactive. Le gouffre l'emporterait. En se démenant, elle reste à flot, malgré la tempête. Alors, en parallèle de son poste de chercheuse à la Compagnie française de raffinage, qu'elle a réintégré à la Libération, elle se jette dans la bataille.

Raymonde fouille sa mémoire à la recherche du moindre nom. Celles et ceux dont Pierre a pu parler négligemment au dîner deviennent soudain la clé potentielle de sa libération. *Mais souviens-toi, souviens-toi… Comment s'appelait ce médecin, déjà ?* De sa cellule, son époux lui donne des indications. « J'ai saboté l'enquête de telle personne… J'ai informé telle personne… » Elle se risque même à contacter d'anciens collègues de Pierre. Ils se montrent réticents. Être affilié à un *possible collabo*, c'est se mettre dans le viseur de l'épuration. La mode est toujours à la délation. Cette fois-ci, c'est pour débusquer ceux qui auraient été proches de Vichy ou des Allemands. Dénoncer ceux qui ont dénoncé moins d'un an plus tôt. Ou dénoncer pour faire oublier qu'on a soi-même dénoncé aux nazis. La peur règne encore.

Raymonde, elle, n'a pas le temps de s'amuser. Elle a déjà bien assez de mal à trouver le temps pour arriver tôt à la boulangerie – elle repart souvent bredouille. Comment pourrait-elle partager la joie de ses concitoyens alors que son mari est coincé en prison ? Elle doit faire libérer Pierre et laver leur honneur. Le plus tôt serait le mieux, même si lui pense que ce n'est pas une mauvaise chose de laisser passer un peu de temps, de laisser passer la colère. Dans un an, en 1946, l'eau aura peut-être coulé sous les ponts… Pour l'heure, les Français n'ont qu'une idée en tête : se venger des nazis et des collabos de Vichy.

Raymonde peine à prendre son mal en patience. Elle tente de comprendre, vraiment. Mais c'est elle qui se retrouve avec ce lourd secret sur les épaules. Et la responsabilité de sortir Pierre de prison. Lui n'a pas idée des sacrifices que tout cela lui demande. Toutes ses soirées, tous ses jours de congé, parfois ses pauses-déjeuner, sont dédiés à sa quête : trouver des témoins.

Raymonde réussit quand même à mettre le doigt sur quelques noms, débusqués dans l'annuaire. Lorsqu'ils ne sont pas chez eux, ou qu'ils ont déménagé dans une autre région, elle leur envoie des lettres expliquant sa démarche. « Pierre Fratani était chargé de votre dossier, rappelle-t-elle. Pourriez-vous m'aider ? » Elle tente aussi d'interroger ses voisins, les gens de son quartier, quitte à affronter leur regard méprisant. Quitte à s'afficher ostensiblement comme *la femme d'un collabo*, pour trouver ne serait-ce qu'un témoin de plus. Raymonde a tout de même peur qu'on l'attrape dans la rue et qu'on lui rase la tête, comme aux premiers jours de la Libération. Elle ne serait qu'une de plus dans ce cas-là. Marquée publiquement par la honte. Les regards noirs de quelques-uns de ses voisins suffisent déjà à la blesser. Elle a parfois du mal à garder la tête haute.

Mais pas aujourd'hui. Non, après des mois de recherches, Raymonde a enfin l'impression d'avoir gagné une bataille. Assise à son bureau – une paillasse de chimiste –, Raymonde étale seize lettres devant elle. Elle souhaite les embrasser toutes d'un seul regard, être submergée par leur nombre, preuve indiscutable de l'innocence de son époux. Les Drs Valentin, Janet, Huet, et Jacquelin. MM. Tayart, Bonnet, Maumy, Kreichgauer et Hamon. Mmes Scheers et Perdrizet…[1] Toutes ces personnes se sont souvenues de son mari et ont décidé de l'aider. De rendre la pareille. Ces nombreux « M. Fratani nous a aidés », « nous a prévenus », « ne nous a pas inquiétés » rassurent beaucoup Raymonde. Ils lui donnent espoir. *Comment un tribunal pourrait-il condamner quelqu'un qui a apporté son aide à tant de résistants et de patriotes ? Qu'est-ce que la parole d'un déporté face à tant de personnes aidées ?*

La jeune femme s'abandonne à un soupir. *Tout ça va peut-être suffire à faire libérer Pierre…* Elle sait que son mari n'a pas collaboré, c'est impossible. Elle l'aime pour son irrévérence, son énergie débordante. Il ne peut pas avoir cherché les faveurs de supérieurs impliqués dans un tel régime, qui a participé à la déportation de citoyens français sous la houlette des nazis.

L'épuisement la rattrape, elle s'affaisse un peu dans son fauteuil. Ces semaines ont été éreintantes. Si la guerre a porté un coup à sa jeunesse, l'emprisonnement de son mari achève de fatiguer son corps. Ses traits sont tirés, ridés. La lassitude de son regard reflète autant son épuisement physique que mental. Elle n'abandonnera pas Pierre, jamais. Elle se battra jusqu'au bout pour prouver au monde son innocence, le sortir de prison, les réunir, lui et sa fille. Mais cette bataille lui coûte tellement.

— Vous pouvez partir, la journée est finie.

Son chef, M. Herzog, se tient à la porte de son bureau, comme à son habitude. Il la salue avant son départ, les yeux

---

1. Dans cette liste, trois sont communistes : Eugène Valentin, Jean Joseph Hamon et Carmen Scheers, née Darms.

pleins de compassion. Le tourment qui habite Raymonde depuis plusieurs mois n'est pas passé inaperçu.

— Je vais rester encore un peu, si ça vous convient.

Il sait que ce n'est pas pour le travail. Il hoche la tête, sourit. Il connaît Raymonde depuis longtemps. Avant d'être son supérieur hiérarchique à la Compagnie française de raffinage, Herzog a dirigé sa thèse. Il suit son travail depuis longtemps, et a été le premier ravi qu'elle puisse réintégrer l'entreprise après la Libération. Or, depuis plusieurs mois, Raymonde a la tête ailleurs, et il ne peut pas l'en blâmer. Il aimerait pouvoir l'aider, mais il sait qu'elle n'acceptera pas la main tendue. Surtout venant d'un Juif. Raymonde est mortifiée quand Herzog et elle évoquent leur vie privée. Herzog se contente de fermer les yeux lorsqu'elle a besoin de temps pour travailler sur le dossier judiciaire de son mari. Ce ne sont pas quelques heures manquantes par-ci ou par-là dans son emploi du temps qui vont empêcher le département d'avancer.

Au moment de sortir, Herzog jette un dernier coup d'œil à Raymonde, plongée dans des lettres. Elle a beau être son employée, il la considère plutôt comme une estimée collègue, voire une amie. La voir ainsi l'attriste profondément. *La pauvre…* Il tapote deux fois de la main sur la porte du bureau, et sa bague fait résonner le bois. « Bonne soirée Raymonde, à demain. » La voilà seule.

Raymonde regarde sa montre. Presque 18 h 30. Elle sort du laboratoire avant de s'éloigner un peu du bâtiment en pierre du XIXe arrondissement de Paris, rue David-d'Angers. Elle attend, à quelques mètres de la porte d'entrée. Ses mains sont moites. Raymonde est nerveuse à l'idée de rencontrer l'avocat de son mari. Elle lisse sa jupe et, d'une main, s'assure que son chignon est toujours en place. Toujours chic, malgré ses craintes et son malheur, sa maigreur et ses valises sous les yeux.

Quelques minutes plus tard, maître Casanova apparaît au coin de la rue. Il tient une serviette épaisse au cuir vieilli et porte un dossier qui paraît assez lourd sous son bras.

— Bonjour, madame Fratani, la salue-t-il.

Il change sa sacoche de côté et serre la main de Raymonde.

— Appelez-moi Raymonde, je vous en prie. Merci beaucoup d'avoir fait le trajet jusqu'ici.

— Vous êtes sur ma route, ce n'est pas un problème.

Elle lui fait signe de la suivre. Ils entrent ensemble dans les locaux de l'entreprise, vont jusqu'au bureau de Raymonde. Les quelques feuilles sont toujours là, posées en désordre. Elle s'excuse de l'accueillir dans ces conditions, ça ne doit pas être tous les jours que l'avocat est reçu dans un laboratoire. Maître Casanova balaie son inquiétude d'un revers de main. Il promet de faire attention aux tubes à essai et aux erlenmeyers autour de lui.

Maître Casanova pose le dossier sur l'une des feuilles. Raymonde sait que la lettre en dessous sera froissée, cela l'irrite, mais elle ne dit rien. L'avocat laisse tomber sa serviette sur le sol et prend l'un des écrits distraitement. Il le lit, toujours debout.

Raymonde ne sait pas vraiment comment se tenir. Elle se concentre pour ne pas se dandiner, passe le poids de son corps d'une jambe à l'autre. Elle ne sait pas non plus quoi dire. Lui laisser le temps de découvrir le matériel de défense, voilà ce qu'il faut faire. Raymonde hoche la tête, comme pour confirmer sa décision de ne pas agir et de laisser faire. Elle croise les bras. Les décroise. Vérifie à nouveau son chignon. Ajuste sa robe. Croise encore les bras.

Elle scrute chaque détail du visage de maître Casanova. Les lèvres pincées, cela veut-il dire que c'est mauvais ? Lâcher avec désinvolture l'une des lettres pour en attraper une autre, cela veut-il dire que la première n'a aucune valeur ? L'avocat

Raymonde, à Paris, à la fin des années 1940.

émet des petits « hum » durant sa lecture. Raymonde ne saurait dire s'ils marquent son assentiment ou sa désapprobation. L'attente est interminable, et son quasi-silence, assourdissant. Elle qui était pourtant confiante en étalant toutes les lettres sur son bureau sent maintenant son estomac se nouer d'anxiété. Et si ce n'était pas suffisant ?

— Ce sont de bons témoignages.

Raymonde accueille ces paroles comme un assoiffé découvrirait une oasis en plein désert. Son visage s'éclaire à mesure que le soulagement la gagne. Elle se détend et esquisse même un sourire, un vrai, qui va jusqu'aux oreilles. Le premier depuis des siècles, lui semble-t-il.

— Celui-ci notamment : « Durant l'Occupation, j'ai été signalée à Philippe Henriot, comme me livrant à une violente campagne gaulliste », lit-il. C'est bien, ça met en contexte. C'est quand même un sacré marqueur que de citer Henriot[1].

Jamais elle n'aurait imaginé utiliser cette figure de la collaboration avec les nazis comme argument de l'innocence de son mari. L'avocat continue de lire rapidement.

— « M. Fratani nous sauva en même temps que cinq cents résistants », impeccable, clair et net. « Je pense que la détention de... *blabla*... ne peut être que le résultat d'une erreur ou d'une injustice scandaleuse ! » C'est un très bon témoignage.

— Oui, France Chambon a une histoire vraiment intéressante. Elle est professeure de français, elle est partie en Allemagne à la Libération, donc nous avons eu du mal à correspondre. Son témoignage est précieux.

1. Homme politique ayant collaboré avec les nazis, devenu l'un des chefs de la Milice pendant la guerre. En 1944, Pétain l'a nommé secrétaire d'État à l'Information et à la Propagande, ce qui lui a valu le surnom de « Goebbels français ».

— C'est votre meilleur, je pense, s'avance-t-il en regardant, tour à tour, deux lettres devant lui. Il faudra bien le mettre en avant.

L'avocat hoche la tête dès qu'il tombe sur les mots « M. Fratani nous a prévenus », présents dans plusieurs témoignages. Il semble lui aussi plus serein. L'affaire doit lui peser. Bon nombre de policiers accusés de collaboration ne s'en sortent pas, ni n'ont de témoignages forts à mettre à leur dossier. La plupart d'entre eux ont fait profil bas, essayant de ne pas s'engager dans l'un ou l'autre camp. Pour eux, il s'agissait juste d'attendre que la tempête passe et d'espérer qu'elle ne les emporte pas.

Alors que l'avocat continue ses lectures, Raymonde se permet de tirer la chaise de son bureau et de s'asseoir. Pour s'occuper, elle prend l'une des feuilles. Elle connaît presque tous les témoignages par cœur, les a parcourus sûrement cent fois. Elle ne s'en lasse pas. Surtout de lire les titres de certains des témoins. Dr André Jacquelin, chef de service à l'hôpital Necker et officier de la Légion d'honneur. *Pas mal !* Recherché par les Allemands et les agents de Vichy pour avoir « délivré des milliers de certificats de complaisance aux ouvriers désignés pour le départ en Allemagne ».

C'est en lisant ce genre de lettres que Raymonde a l'impression de retrouver son mari. Celui qui n'est pas un détenu soupçonné de collaboration. Celui qui ne se laisse pas faire, quitte à travailler dans l'ombre pour ne pas se mettre en danger. Celui dont elle est fière. Pierre a prévenu le Dr André Jacquelin. Il l'a alerté sur l'enquête en cours. Lui a assuré qu'il lui donnerait les renseignements nécessaires pour qu'il ne soit pas inquiété. « Et en effet, je ne l'ai jamais été. »

Ce sont de tels petits actes qui ont sauvé des vies, et qui peuvent maintenant sauver celle de Pierre en retour, elle en est persuadée.

Raymonde saisit une autre feuille.

M. VALENTIN, Eugène, dt. à Paris, membre de la Commission exécutive du Bâtiment, membre du Parti Communiste, responsable durant l'occupation de la distribution des tracts.

« Nous avons été mes camarades et moi dénoncés aux Allemands d'abord, puis à la Milice, en raison de notre activité. Mr. FRATANI nous a prévenus. Par la suite, chargé par ses chefs de procéder à une enquête, M. FRATANI a conduite celle-ci de façon telle que nous n'avons pas été inquiétés. Cependant M. FRATANI avait constaté que la dénonciation dont nous faisions l'objet, notamment le nommé QUEMARD, était fondée. À la libération je me suis fait un devoir de rendre compte à mes Chefs du Parti Communiste de l'attitude patriotique de cet inspecteur. »

M. Hamon, dt. à Paris, fonctionnaire révoqué par Vichy, en raison de son activité syndicaliste.

« Au cours de l'année 1942 de nombreux israélites de mon quartier sur le point d'être arrêtés par les services de la Préfecture de Police, ainsi que moi-même, avons pu prendre la fuite grâce aux indications que Mr. Fratani m'avait communiquées. À l'insurrection, Mr. Fratani a accompli son devoir dans le groupe F.F.I. Bastille-St-Paul. »

Maître Casanova souffle en se grattant la tête distraitement.

— Vous avez fait du bon travail, lance-t-il. Les nombreux témoignages que vous avez trouvés vont appuyer la thèse de l'innocence de votre mari. Cette France Chambon, elle peut témoigner au tribunal, si besoin ?

— Elle m'a assuré que oui.

— Bien ! Et la déclaration du médecin, qui a la Légion d'honneur, elle fera aussi son effet. On a de quoi se mettre sous la dent.

L'avocat se veut rassurant. Il regarde sa montre et s'agite, soudain très au fait de l'heure qui s'est écoulée. Il sera en retard à son prochain rendez-vous. Il rassemble distraitement les feuilles, sans ordre précis, pour les enfourner dans son dossier. Raymonde hausse les sourcils face à ce manque cruel de précaution, mais pas plus maintenant que tout à l'heure, elle ne se décide à râler.

— Ma secrétaire se chargera d'ajouter vos témoignages au dossier, pour qu'il soit parfaitement en forme. On vous enverra une copie dès qu'il sera prêt, bien entendu.

Raymonde se relève, prête à le guider jusqu'à la sortie. Elle le remercie à nouveau pour sa venue et lui tend les feuilles qu'elle avait encore dans la main. « Ah oui, merci. » Il les ajoute au dossier, qu'il glisse sous son bras.

— Non, ne vous embêtez pas, je trouverai mon chemin.

Sa voix est pressée. Maître Casanova agrippe son sac, serre la main de Raymonde et s'échappe dans le couloir. Il lance un dernier « Bonne soirée » avant de disparaître.

— Décidément, ses manières laissent à désirer, chuchote Raymonde.

Ce départ précipité la laisse sur sa faim. Elle est maintenant seule, dans le silence. Sans les témoignages qu'elle avait passé des semaines à récolter, Raymonde se sent nue. Elle n'a plus rien à quoi se tenir, comme laissée à l'abandon dans une tempête de néant. Il lui faut attendre maintenant. Elle ne peut rien faire de plus.

Lentement, elle s'assied à nouveau, les épaules voûtées, l'air las. Elle reste là quelques minutes, à fixer le sol, avant d'essuyer une larme qui lui coule sur la joue.

Gaëlle et moi ne nous attendions pas à être happées par cette cascade de témoignages en faveur de mon arrière-grand-père. Que faire de ces éloges ? Moi qui méprise depuis des années cet aïeul, persuadée qu'il a été aussi lâche que tous ces Français qui ont collaboré avec les Allemands, je dois revoir toutes mes impressions. Mon ancêtre était-il un résistant au grand cœur, qui usait habilement de son pouvoir de flic pour favoriser les opposants à Vichy et à Hitler… ?

Quelques lettres et un après-midi ont suffi pour que tout s'inverse. Grand-Papy a fait de la Résistance. Accusé à tort, il est une victime du système judiciaire de 1945. Voilà, fin de l'enquête. L'histoire peut-elle être aussi simple ?

J'aurais aimé, mais non. Nous ne sommes qu'au début de notre enquête. Nous avons sous la main seize témoignages. C'est à la fois énorme et complètement insuffisant. J'imagine que les policiers côtoient des dizaines de suspects par an. Pour seize sauvés, combien de condamnés ? Et puis, certains faits rapportés par les témoins ne sont pas datés. Ils pourraient très bien avoir eu lieu au dernier moment, après le débarquement des Alliés en Normandie, le 6 juin 1944. J'ai bien trop entendu parler des résistants de la dernière heure, ceux qui ont rejoint avec fracas les maquis lorsqu'ils ont senti le vent tourner à la fin de la guerre, pour me fier à cette liste. Les apparences sont parfois trompeuses.

En 1945, la guerre finie, le nouveau ministère des Anciens combattants a instruit les dossiers de 600 000 personnes pour attester ou non de leurs services rendus à la Résistance. Ce tri s'est fait sur la base de critères restrictifs, notamment celui de la durée : pour être homologué « Combattant volontaire de la Résistance », il faut avoir agi quatre-vingt-dix jours au moins avant le 6 juin 1944. À peine une saison de contestation pour être considéré comme un résistant. Moins, et vous êtes affublé du dossard « résistant de la dernière heure ». Une expression qui englobe aussi bien les cyniques qui ont cherché à se racheter une conduite au dernier moment que les peureux dont le courage n'a pu se réveiller qu'avec la perspective d'un dénouement proche. Faut-il les mettre dans le même panier ? Être résistant est particulièrement dangereux, et tenir trois mois sans être repéré et arrêté était assez rare. Mais attendre mars 1944 pour s'engager, après quatre années d'Occupation, cela me paraît bien tard. Surtout lorsqu'on a été aux premières loges de la machine infernale de Vichy et de la Gestapo.

Pour ce qui est de Pierre, faire partie de la police de Vichy sous l'Occupation, et surtout faire le choix de rester dans ses rangs, c'est déjà quelque chose, peu importent les seize témoignages. Nous devons garder notre esprit critique jusqu'au bout. Surtout moi. Après avoir été si longtemps persuadée de descendre d'un complice de la « solution finale », il est tentant de poursuivre une chimère opposée.

— *Step by step*, me dit Gaëlle. Ne t'emballe pas !

Elle me tend la deuxième pochette, la bleue. Je fais glisser les pages, les parcours rapidement du regard à la recherche de mots familiers. Ma main se pose alors sur une lettre tapée à la machine à écrire, dont l'en-tête indique qu'elle vient du ministère de l'Intérieur. Elle date du 9 septembre 1941 et est adressée au directeur du personnel et de l'administration de la police. Intriguée, je la lis à voix haute :

Le conseiller Criminel BO-E-ME-L-BURG[1] me prie de signaler à l'administration le cas de l'inspecteur FRATANI, actuellement au commissariat spécial de Douai, qu'il considère comme un très bon agent de recherche pour la lutte contre les communistes.

Je fronce les sourcils. Ai-je bien lu ce que je viens de lire ?

Il demande s'il ne serait pas possible de l'affecter à Paris et de le détacher à la Préfecture de Police (services des renseignements généraux).

Gaëlle et moi nous regardons avec stupeur. Pierre excellait dans la lutte contre les communistes ? Il travaillait à Douai ? Je croyais qu'il était à Paris.

— Et puis, Boemelburg… Ça sonne allemand, remarque Gaëlle tout en saisissant son téléphone. Comment tu l'écris, déjà ? Je vais le googler.

— B-O-E M-E-L-B-U-R-G.

Son visage blêmit à mesure que son pouce fait défiler les résultats.

— Béné… Karl Boemelburg, c'était le chef de la Gestapo en France.

Comme une impression de tomber dans le vide. Mon aïeul aurait excellé dans la traque de communistes, le chef de la Gestapo en France aurait salué son travail. Ma pire hypothèse semble se confirmer.

Karl Boemelburg, ou plutôt Bömelburg, est un des premiers adhérents du Parti nazi. Avant guerre, il est attaché à l'ambassade d'Allemagne à Paris. En 1940, il est nommé *Kriminalrat*,

1. Pas facile à prononcer pour deux LV2 espagnol. « Beumelburgue » ? « Bomelbourg » ?

conseiller criminel, chargé de coordonner les actions de la police politique du IIIe Reich en France. Il travaille main dans la main avec le gouvernement de Vichy pour l'arrestation, la torture et la déportation des Juifs, résistants et autres opposants au nazisme. Dans un premier temps, la Gestapo prend d'ailleurs ses appartements à Paris, rue des Saussaies, le siège historique de la police nationale.

5

1943

Quelques rares moteurs vrombissent en contrebas. Des sonnettes de vélo retentissent. Des passants discutent sous la fenêtre. Ils rentrent chez eux, de maigres provisions dans les bras. Quelques-uns, rares, conversent en allemand. Des voitures pleines d'uniformes verts ou noirs, au brassard rouge reconnaissable, longent les avenues. Une journée presque normale se termine à Paris.

Pierre déboutonne méthodiquement sa chemise. Elle paraît légèrement trop large pour lui, désormais. Il souffle. Son quotidien est d'un ennui… Il regrette souvent la période d'avant guerre. C'était calme, il faisait du bon travail à la gare de Lyon. Puis la guerre a éclaté, et on l'a envoyé à Bourges, auprès de chefs *idiots* et *mesquins*. Le début des ennuis. Une première sanction administrative. Une grande injustice dont Pierre ne s'est pas remis. Et ne se remettra jamais.

Le régime de Vichy a enfoncé un deuxième clou dans le cercueil de sa jeune carrière. Suspendu avant d'être réintégré. Rétrogradé, déraciné encore. À Douai, cette fois-ci, pour espionner des inconnus. On lui a volé son quotidien, on l'a éloigné de Raymonde. Le soulagement le gagne lorsqu'il pense à ces deux années de solitude enfin terminées, au travail qu'il a accompli pour retourner auprès des siens, au côté de la femme qu'il adore, et retrouver son grade.

Pierre est fier du chemin parcouru, malgré les embûches intolérables qui se sont dressées en travers de son chemin. Il peut à nouveau s'habiller en civil, porter son fédora où qu'il aille – et cacher au passage sa calvitie de plus en plus prononcée. Il a l'air d'un vrai gangster, avec son pistolet dans la poche de son long manteau. Il sourit de cette image de truand qui a marqué sa vie, d'Ajaccio à Paris.

Son quotidien s'est un peu éclairci après une longue période morne et sans couleur. Les moments de joie s'y étaient faits si rares, cela rend cette journée d'autant plus importante.

Depuis qu'il a rejoint la police, à la sortie de la marine nationale, Pierre entretient l'ambition de grimper les échelons aussi haut que possible. « Commissaire Pierre Noël Fratani. » *Qu'est-ce que ça sonne bien !* Sa poitrine se gonflerait de fierté à l'idée d'y parvenir un jour si l'image de ce pauvre Lagarrigue ne s'imposait aussitôt à lui… Tout son bonheur se fait sur le dos de ce malheureux.

Officier. Officier Pierre Fratani, de la police judiciaire. Un grade qui lui permet d'accéder à la fonction de commissaire…

Il sort la lettre de sa poche. Il la tient soigneusement, ne veut pas la froisser ou l'abîmer de quelque manière que ce soit. Elle contient peut-être son futur, ses espoirs, sa fierté.

> Pierre Fratani est proposé pour être inscrit sur la liste d'aptitude pour O.P.J.
>
> Cet inspecteur, dont la manière de servir n'avait pas été exempte de reproches, alors qu'il était détaché aux P.N. de Bourges (fin 1939), semble s'être assagi et donne maintenant toute satisfaction. Son chef direct M. Gillet le considère comme un bon collaborateur.

« Un bon collaborateur. » Pierre reste bloqué sur ces mots, les lèvres comme suspendues entre un sourire et un rictus de douleur. Un frisson le parcourt. Gravir les échelons, avancer lentement mais sûrement vers son objectif de carrière… Il serait prêt à escalader n'importe quelle montagne pour cette promotion. Mais, depuis juillet 1940, ce mot est chargé d'un autre sens.

Pierre a le sentiment que quelque chose ne tourne pas tout à fait rond. Et cela gâte un peu le goût de sa possible promotion. Dans quelques années, cette lettre le desservira-t-elle ? Dans la rue, il voit les regards noirs qu'on adresse à ses collègues en uniforme, à ceux qui dénoncent, à ceux qui mangent à leur faim, à ceux qui se font des amis outre-Rhin. Lui-même est mal à l'aise avec les « collabos ». Il est bien content de ne pas faire partie de la préfecture de police, et de ne plus être aux renseignements généraux. Veut-il être de ce bord-là ? Et surtout, son rêve de devenir commissaire vaut-il toutes les compromissions ?

Il relit de nouveau la lettre, lentement cette fois-ci, et ricane. Le souvenir de ses insubordinations et de quelques frasques puériles le transporte dans un passé pourtant peu lointain mais drastiquement différent. *On savait s'amuser, à l'époque.* Assagi, lui ? Pour rien au monde ! Si ses chefs savaient qu'il n'obéissait pas à certains ordres, qu'il sabotait parfois ses enquêtes… Sa défiance a simplement changé de forme. Elle est invisible. Et à raison.

Il doit maintenant assurer un foyer. Pour sa femme, pour sa fille, il répond moins à ses supérieurs, il reste davantage dans le rang, sans trop faire de vagues. Le danger n'est plus le même, depuis Vichy. Et les conséquences de ses actions ne le touchent plus seulement lui. De là à dire qu'il est devenu sage… Glisser des insultes en corse dans le dos de ses chefs qui n'y comprennent rien reste bien l'une de ses activités préférées.

Mais que faire de cette lettre ? Plus il y réfléchit, plus il sent le piège se refermer autour de lui. Être recommandé, par les temps qui courent, c'est signer une déclaration selon laquelle on a bien aidé les nazis. Et en même temps, s'il refuse, c'est avouer à ses chefs qu'il n'est pas un « bon collaborateur ». Il risque sa carrière. Pire ! Il risque sa vie.

Il a entendu parler de collègues qui disparaissent, d'officiers allemands qui vérifient le travail des inspecteurs ou des policiers français, de miliciens qui ne veulent que débusquer les traîtres. S'il dit non à cette opportunité, il se met une cible dans le dos.

Il relève la tête et regarde la porte. Ses yeux brillent d'émotions contradictoires. Sa Raymonde l'attend dans le salon, encore ignorante de l'occasion qui lui est donnée.

Pierre quitte la chambre pour se rendre dans la cuisine, qui donne sur l'entrée de l'appartement. Le parquet grince sous ses pas. Raymonde, assise à la petite table ronde, est plongée dans son livre. Un large ouvrage de chimie, que Pierre n'a jamais essayé de comprendre. Il la regarde quelques secondes, les yeux remplis d'amour et d'admiration. La beauté des traits de Raymonde, blonde aux yeux bleus perçants, le frappe tous les jours, dès qu'il la voit. *Quelle femme !*

Lorsqu'elle a été remerciée de ses fonctions d'ingénieure chimiste à la Compagnie française de raffinage, Raymonde s'est occupée en continuant de lire et de se documenter sur les dernières recherches. Elle s'est tenue informée de toutes les avancées scientifiques – du moins, de celles dont le grand public entend parler. Malgré leurs faibles revenus et les difficultés à se rationner dans Paris, elle réussit de temps en temps à se procurer un journal qui décrit les dernières recherches en cours. Son esprit se nourrit des miettes de données qu'on lui accorde.

Le travail se fait rare à Paris depuis le début de l'Occupation. Il est bien difficile pour une femme d'obtenir un emploi. Raymonde s'est contentée de ce qu'elle a eu, et s'estime même chanceuse. Elle était prête à faire le ménage chez des particuliers pour joindre les deux bouts. Elle est tout de même soulagée d'avoir trouvé quelque chose dans son domaine. Elle reste chimiste, pour une entreprise alimentaire. Loin en dessous de ses compétences, et la paie le reflète. Tant pis, il faut bien manger. De quoi mettre du beurre dans les épinards, mais sans le beurre. Et sans les épinards.

Pierre se racle la gorge et gonfle la poitrine. Raymonde tend le doigt, *une seconde*, et termine le paragraphe qui l'a tant happée. Il attend patiemment. Lorsqu'elle tourne la tête, il lui tend la lettre d'un geste un peu brusque. Raymonde le regarde avec étonnement, un sourire hésitant commence à se former sur ses lèvres.

— Qu'est-ce que c'est ? demande-t-elle.

L'impatience de son mari commence à déteindre sur elle. Raymonde ouvre l'enveloppe et en sort vivement la lettre. Elle la parcourt rapidement.

— C'est bien… C'est bien ce que je crois ?

Pierre hoche la tête. Toujours debout, il se place derrière elle. Il se penche pour l'enlacer. Le dossier de la chaise lui rentre un peu dans l'estomac, mais il s'en moque. Raymonde lève son bras pour qu'ils puissent voir ensemble les mots couchés sur le papier, et lit à voix haute. Elle pose sa tête sur l'épaule de son mari et caresse distraitement son bras.

— Il faut encore que je passe l'examen, mais…

Raymonde hoche la tête.

— C'est l'opportunité d'une vie. C'est ce que tu veux depuis des années.

Pierre enfouit son visage dans le cou de sa femme. Sa chevelure blonde lui chatouille la joue.

— Je crois que c'est une pomme empoisonnée.

Raymonde relit la lettre attentivement. Ses sourcils se froncent.

— Si tu acceptes, tu annonces à tous nos voisins que tu collabores.

— Et si je refuse, je me mets dans le viseur de Vichy et de la Gestapo.

Le couple reste comme ça un instant, chacun appréciant la chaleur et l'affection de l'autre. Ils se rassurent, s'apaisent.

— Suis ton instinct, lui souffle Raymonde.

— Je peux toujours saboter l'examen, répondre en corse.

Ils rient doucement tous les deux à cette idée. Au pire, il sera vu comme un régionaliste chauvin, ce qui est déjà le cas, mais pas comme un traître refusant les ordres de sa hiérarchie. Un trublion bien inoffensif. Ni un collabo ni un résistant, juste un Corse.

Le ventre de Pierre gargouille soudain. Les deux amoureux s'embrassent tendrement. Puis Pierre s'assied à côté.

Quelques bouts de pain rescapés subsistent sur la table. Ils commencent à manger lentement.

Un sourire innocent se dessine sur son visage alors qu'il pense à sa fille. Pierre l'a enfin rencontrée l'an dernier, en avril. Il lui avait apporté un grand ours en peluche. Elle était si timide et mignonne, avec son petit nœud dans les cheveux. Déjà si grande. Un an et demi, ça passe vite… Pierre a un pincement au cœur à l'idée de la savoir si loin.

— Je suis sûre qu'elle va bien, mes parents font tout ce qu'ils peuvent, le rassure Raymonde.

Avril 1942, Saint-Germain-les-Belles. Pierre voit sa fille pour la première fois. Elle boude sur la photo. Il lui a apporté un gros ours en peluche.

C'était leur seule option à l'époque. Lorsque Alfida est née, ni Pierre ni Raymonde n'avaient de travail, ils étaient démunis. Et manger correctement à Paris est impossible dans ces circonstances. Raymonde était mal nourrie, son corps ne produisait aucun lait maternel. Elle ne pouvait pas s'occuper de sa fille. Comment auraient-ils pu faire autrement ?

Au moins, à Saint-Germain-les-Belles, Alfida a une chance de vivre correctement. Même si la maison est en ville, la famille tient une ferme à quelques kilomètres de là. Une aubaine pour s'approvisionner en œufs, lait et fromage chaque semaine. La petite ne manque de rien. Pierre l'a bien vu. Elle est en bonne santé, joyeuse, avec un grand espace où jouer. Et, jusqu'à peu, elle était en zone libre.

La savoir loin de l'Occupation allemande – jusque-là – était un soulagement pour Pierre. Tous les jours, il assiste à des scènes de violence et de délation entre Français. Il voit les soldats allemands parcourir Paris, se fondre dans le paysage comme une nouvelle normalité. Les Parisiens font la queue à la boulangerie ou chez le boucher. Armés de leur carte de rationnement, ils croisent les doigts pour que les pénuries n'aient pas trop affecté les réserves des magasins... Ou alors pour que la pénurie affecte le prochain dans la file d'attente, et qu'eux repartent avec leurs maigres provisions. Pour une personne : 275 grammes de pain par jour ; 350 grammes de viande avec os par semaine ; 100 grammes de matière grasse par semaine ; 70 grammes de fromage par semaine ; 200 grammes de riz par mois ; 500 grammes de sucre par mois ; 250 grammes de pâtes par mois.

Et en hiver, les habitants ont froid. Depuis janvier 1941, ils ont accès à des cartes de charbon, mais comme pour le reste, la quantité est rarement suffisante.

L'arrivée du marché noir n'a donc surpris personne. Pierre voit de fausses cartes d'alimentation circuler, plus ou moins bien faites. Et ses collègues arrêtent parfois des habitants ayant dégoté une deuxième carte, trouvée sur un mort ou volée dans le métro. Il a même entendu parler d'effractions dans les bâtiments municipaux où sont délivrés chaque mois les tickets de rationnement. Certaines ont échoué, mais parfois, les voleurs sont repartis avec tout ou partie du stock de nouvelles cartes. Une vraie mine d'or pour ceux qui cherchent à s'enrichir. Ou simplement à survivre. Et ce, malgré les peines encourues.

> Loi du 17 septembre 1940 établissant les sanctions relatives aux infractions commises en matière de carte d'alimentation :
>
> Article Ier – Les infractions aux dispositions du décret du 29 février 1940, relatif au recensement de la population et à la distribution des cartes de rationnement ainsi qu'à celles des décrets et arrêtés pris pour son application, seront punies de six jours à deux mois d'emprisonnement et de 16 à 2 000 francs d'amende ou de l'une de ces deux peines seulement. [...] En cas de récidive, l'emprisonnement sera de deux mois à un an et l'amende de 2 000 à 6 000 francs.
>
> Article 2 – Sera passible des peines édictées par l'article Ier :
>
> 1° Quiconque indûment délivrera, se fera délivrer, ou fera délivrer à autrui une carte individuelle d'alimentation, des coupons ou des tickets de consommation ;
>
> 2° Quiconque mettra en circulation ou utilisera sciemment des cartes, coupons ou tickets contrefaits, falsifiés ou non valables ;

3° Quiconque utilisera indûment des cartes, coupons ou tickets appartenant à autrui ;

4° Quiconque s'appropriera ou retiendra illicitement des cartes, coupons ou tickets alors même qu'il n'en ferait pas usage ;

5° Quiconque trafiquera des cartes, coupons ou tickets.

Article 3 - Lorsqu'une denrée sera soumise au régime de la carte d'alimentation ou des tickets de consommation, quiconque livrera, se fera livrer ou fera livrer à autrui cette denrée sans remise de coupons ou de tickets valables sera passible de peines édictées par l'article Ier.

Pierre ne veut pas de ça pour sa fille. Elle est bien mieux hors de la capitale, et sa petite Nini aura eu au moins deux ans de sursis. Deux ans, avant que l'Allemagne n'occupe aussi le Sud de la France. Vichy n'aura même pas été capable de conserver son autorité dans le Sud, de protéger sa fille. Pierre fulmine intérieurement. Elle doit avoir si peur, maintenant que des Allemands ont envahi la maison. Sa chambre a même été réquisitionnée.

Raymonde regarde Pierre affectueusement. Elle sait à quel point la situation le peine, mais ils n'y peuvent rien. Elle doit changer de sujet. Toute la journée, elle a réfléchi à la question qu'elle lui poserait. Il suffit de lancer Pierre pour qu'il parle des heures durant. Une qualité qui lui manque terriblement, elle qui est plutôt de nature taiseuse.

— Quel opéra souhaites-tu aller voir en premier ?

Lorsque la guerre sera terminée, s'entend. Et lorsque leur quotidien sera plus facile, sans souci, sans peur. Le visage de Pierre s'illumine à nouveau. Les souvenirs se ruent dans son esprit, prêts à déborder. Il se souvient de son enfance à Ajaccio, de l'appartement situé en face de l'opéra. Qu'est-ce qu'il en aimait la musique, le chant, la romance, tout ! Il n'a jamais rêvé de devenir acteur et de monter sur scène. Non. Il se voit plutôt comme l'un des personnages, dont le caractère fait rire, pleurer, déchaîne les passions.

Pierre ne sait pas choisir. Il y en a tellement, des opéras. Il a soudain une envie irrépressible de chanter, et son ténor emplit la pièce. Il se plonge dans les récits, des images surgissent devant ses yeux. Raymonde aussi se laisse bercer par la liberté aux mille couleurs de son mari, elle d'ordinaire si pragmatique et si sérieuse. Ternie par la guerre. Elle s'agrippe à son histoire, la voix de son époux est la porte qui mène à une douce échappatoire.

Pierre mange distraitement son quignon de pain tout en racontant. De petites bouchées, pour qu'il dure plus longtemps. Il est perdu dans ses souvenirs, dans l'invention d'un avenir rempli de musique, de danse, de joie. Raymonde en profite pour glisser son bout de pain de l'autre côté de la table. Pierre ne s'en rend pas compte, il le prend, comme si c'était le sien, et commence à le manger aussi. Il est ailleurs. En Corse. Au soleil. Loin du froid, loin de la faim, loin de la guerre.

6

— Boemelburg… Eh ben ! C'est sûr que si t'as une recommandation d'un nazi, ça la fout mal à la Libération.

J'ironise tout haut, faisant mine de prendre cette découverte avec détachement. Gaëlle lâche un petit rire nerveux, elle n'a pas l'air dupe une seule seconde.

Au fond, je suis affectée. Mon soulagement a été de très courte durée, et les seize témoignages me paraissent presque ridicules. Mon arrière-grand-père, « très bon agent de recherche pour la lutte contre les communistes », promu pour cette raison… Ma grand-mère ne m'a jamais fait part de ce « détail ». Je continue de faire défiler les pages du dossier machinalement, mais mon esprit n'est plus qu'un vacarme de questions. *Qui croire ? Que penser ? Comment rester calme et méthodique, maintenant ? Et si cette recommandation était fausse ? Ou bien, et si tous ces témoignages favorables à Pierre étaient faux ? Que faire de tous ces noms cités ? De ces événements rapportés ?* Gaëlle et moi y découvrons le pire et le meilleur en vrac, sans parvenir à y trouver du sens. L'histoire de la Seconde Guerre mondiale telle qu'on se la raconte et telle qu'on se la représente est assez simple : certains ont eu le courage de résister, d'autres pas. Or le dossier de Pierre Fratani laisse affleurer une tout autre réalité.

— Bon, ça m'a épuisée de lire tout ça, lâche Gaëlle en se massant les tempes. Ça te dit qu'on se fasse un thé pour se remettre un peu de nos émotions ?

Je soupire de soulagement en refermant l'élastique sur la chemise rouge. C'est fini pour aujourd'hui. Et c'est déjà bien assez. Je marche lentement vers la cuisine.

— Tu préfères du thé noir ou du thé vert ?

Ce dossier, c'est la fin de l'histoire de Pierre : c'est celui de sa demande de libération, le moment où il tente de prouver son innocence. Or, pour comprendre, nous devons remonter le fil jusqu'au début de l'histoire, chercher, farfouiller ailleurs.

Comment Pierre s'est-il retrouvé à Douai ? Le chef de la Gestapo en France a-t-il vraiment tenu à le recommander ? Vu que la note du ministère de l'Intérieur qui évoque cette recommandation n'est pas écrite directement de la main du *Kriminalrat*, n'y aurait-il pas une autre explication ? Pierre aurait-il effectivement fait du zèle en traquant les communistes de Douai, dans le but d'obtenir sa mutation à Paris ? Aurait-il pu jouer double jeu au point d'aider d'autres communistes en région parisienne quelques mois plus tard, comme le précisent certains des seize témoignages ?

Nos questions s'enchaînent sans que l'on sache exactement où nous pourrions bien trouver nos réponses – dans quel genre de lieux, dans quels documents, auprès de quelles personnes ? Mes seules références en termes d'enquête sont des romans policiers et quelques podcasts. Je n'ai jamais eu entre les mains de « manuel de l'enquête familiale ».

Gaëlle est aussi perdue que moi. À ce stade de notre carrière de jeunes journalistes, encore étudiantes, nous n'avons pas vraiment eu l'occasion de nous embarquer dans une investigation d'une telle ampleur… Sans plan, et sans marche à suivre claire, nous sommes condamnées à tâtonner en espérant aller dans la bonne direction.

Enfants des années 2000, Gaëlle et moi avons un réflexe commun en cas de brouillard : Internet. Au hasard ou presque, nous tapons les mots-clés « archives », « police », « Paris » dans le moteur de recherche. Nous tombons sur le site des archives de la préfecture de police de Paris. Ça a l'air de coller.

Une semaine plus tard, me voilà en route pour Le Pré-Saint-Gervais, à l'est de Paris. Je sors du métro et remonte rapidement la rue bordée d'immeubles bas. Casque sur les oreilles, j'entends les pulsations de mon cœur faire frémir mes tempes. J'arrive devant le 25, rue Baudin. Gaëlle n'est pas encore là. Pour une fois que je suis là avant elle à un rendez-vous… J'inspire un grand coup et je regarde le bâtiment des archives. Surprenant. Un immeuble qui ne paie vraiment pas de mine avec sa façade en brique rouge et ses grandes vitres teintées, façon miroir. En d'autres circonstances, je serais passée devant sans me douter une seconde qu'il abrite des kilomètres de documents.

Gaëlle arrive. Les archives n'étant accessibles qu'en semaine, elle a dû poser un jour auprès de l'entreprise où elle effectue son alternance. Chez elle aussi le stress et l'impatience se font sentir. Nous avons du mal à discuter, pressées par nos découvertes à venir.

— Oh, regarde !

Au moment de passer la grille, je pointe du doigt une poubelle dans la cour. Un gros chat, un authentique matou orange, est allongé sur le couvercle. Il roupille. Son improbable présence et sa désinvolture nous font rire. Drôle de gardien pour un bâtiment qui recèle, entre autres, les agissements de la police parisienne sous Vichy.

Le guichet est tout de suite à gauche. Un jeune homme nous accueille. Il a l'air surpris de nous voir – j'imagine que les visites ne sont pas si fréquentes. C'est la première fois que nous venons, il nous fait faire des cartes de lectrices, comme à la bibliothèque. Ensuite, il nous demande de poser nos effets personnels dans un casier à sa gauche. Des panneaux listent les affaires autorisées en salle de lecture : papier, crayon, téléphone, appareil photo, ordinateur.

L'agent d'accueil nous demande si nous savons déjà ce que nous cherchons. Autrement dit, si nous avons connaissance des cotes de documents que l'on veut consulter. Évidemment, nous n'avons aucune idée de ce que l'on vient consulter... Donc, non. On rit, un peu gênées, en lui expliquant que nous faisons des recherches sur un homme en particulier.

Il nous conduit vers un ordinateur hors d'âge sur lequel nous tapons « Fratani, Pierre Noël ».

— Essayez plusieurs orthographes au cas où, c'est fréquent qu'il y ait des fautes.

On essaie « Frattani » « Frateni » et « Fratane ». Finalement, le logiciel nous sort deux références, correctement répertoriées sous le nom de mon arrière-grand-père. Et nous pouvons enfin accéder à la salle de lecture.

C'est une petite pièce bien éclairée, barrée d'une immense table tout en longueur et bordée par le guichet des archivistes. Il n'y a plus qu'à attendre que l'une d'entre elles nous apporte notre commande.

Seules dans la salle, nous sommes un peu tendues. Ça résonne.

Au bout de quelques minutes qui nous semblent interminables, une archiviste vient vers nous. Je me lève pour la rejoindre.

— Et voilà vos documents ! dit-elle avec un grand sourire, nous tendant deux pauvres pochettes faméliques.

On s'attendait à crouler sous des tonnes de papiers. À trouver un gros dossier avec tous les lieux où Pierre a travaillé, toutes ses notes, toute sa carrière… Il n'en est rien.

Je reviens vers Gaëlle complètement dépitée et pose les minces pochettes sur la table. Ma camarade écarquille les yeux.

— Bah, c'est tout ?

— Oui…

La déception est partagée.

On commence par regarder les dossiers, posés à plat sur la table, sans vraiment les toucher. Si fins que c'en est déprimant. Sur les deux couvertures, on peut lire « Renseignements généraux ». Ce n'est pas ce qu'on imaginait, mais c'est intrigant. Et très intimidant. Quand on entend les mots « renseignements généraux », on s'imagine un complot international, de Moscou à Washington, des poseurs de bombes, des groupuscules armés jusqu'aux dents et prêts à passer à l'action, pas vraiment son arrière-grand-père, fût-il corse et flic. Je reste donc un peu effrayée par ce qu'on pourrait trouver à l'intérieur.

Gaëlle tend la main et dévoile une première page. Je me penche vivement sur les feuilles.

En quelques lignes, nous en apprenons déjà beaucoup sur Pierre. C'est d'ailleurs tout l'intérêt des renseignements généraux : pouvoir s'informer sur un profil en un coup d'œil.

Fratani a demeuré avec sa famille au 24 boulevard Richard Lenoir (11e), dans un appartement qu'il a acquis le 4 octobre 1941, pour la somme de 20 000 francs.

Il a fait l'objet d'un mandat d'amener de M. Medjian, Juge d'Instruction près la Cour de Justice de la Seine, sous l'inculpation d'intelligence avec l'ennemi et a été incarcéré le 26 juillet 1945 à la prison de Fresnes.

Il a été nommé Inspecteur stagiaire à la Sûreté Nationale à la date du 11 mars 1935 ; révoqué à la suite des lois de Vichy en 1940, il a été réintégré avec l'appui du Conseiller Boemelburg, qui est intervenu en sa faveur pour son affectation à la Police Judiciaire à Paris.

Fratani a procédé, en 1942, à l'arrestation d'un résistant, M. LAGUARRIGUE Louis, né le 16 août 1916 à Crausac (Aveyron), 4 rue Casimir Deveine à Garches, qui était signalé comme auteur de nombreux attentats et actes de sabotage. Ce patriote qui a été déporté, serait actuellement de retour à son domicile.

Fratani a été vu maintes fois en compagnie de Forgues, tant à Paris qu'à Samois, où ce dernier a un pavillon.

Dans son entourage et à la Sûreté Nationale, d'où il a été révoqué par arrêté ministériel en date du 17 avril 1945, il est considéré comme très suspect au point de vue national.

Fratani est inconnu aux Archives de la Direction des Renseignements Généraux et des Jeux, ainsi qu'à celle de la Direction de la Police Judiciaire.

Son nom n'est pas noté aux Sommiers Judiciaires.

Une femme débarque dans la salle de lecture, se dirige vers le guichet et échange quelques mots avec une des archivistes. Je laisse traîner mes oreilles. Je comprends qu'elle est historienne et qu'elle fait des recherches sur un fait divers du XIXe siècle. Pour ne pas la déranger, nous chuchotons avec Gaëlle. Nous décidons de prendre les feuilles en photos afin de les relire plus tard. Nous ne pouvons pas encore échanger nos impressions.

Au bout de deux heures dans les archives de la préfecture de police de Paris, le grondement de nos estomacs se fait entendre. Nous vérifions encore que rien d'autre n'est répertorié sous le nom de Pierre… Et nous décidons de nous rapatrier chez moi pour faire le point sur ce que nous venons d'apprendre.

— Déjà, on a retrouvé deux noms qu'on avait lus dans tes archives familiales, remarque Gaëlle tout en surveillant la cuisson de la plâtée de spaghettis que l'on a prévu d'engloutir. Forgues et Lagarrigue.

Deux noms qui prennent soudain un peu de chair. Forgues : un homme louche qui faisait son beurre au marché noir, que Pierre fréquentait et avec qui il aurait été mis en cause au moment de la Libération. Et Lagarrigue : un résistant que Pierre aurait arrêté à Garches, en région parisienne.

La cuisine se remplit de vapeur, j'ouvre la fenêtre. Mon cerveau bouillonne autant que l'eau dans la casserole. Je suis perplexe. D'apparence factuelle, cette note des renseignements généraux me paraît douteuse. Pierre, considéré comme suspect d'un point de vue national par son entourage et ses collègues… Or qui, précisément, l'auteur de cette note a-t-il interrogé ? C'est sans doute un réflexe de jeune journaliste pas tout à fait sortie de l'école, mais je trouve étrange de ne pas préciser ses sources. D'affirmer quelque chose d'aussi péremptoire qu'imprécis dans un document officiel.

— Bon, peut-être que j'essaie de trouver une excuse à Pierre, parce que je ne veux pas croire qu'il a vraiment arrêté un résistant… Ce flou me fait tiquer.

— Moi aussi ! Et puis, c'est hyper bizarre de pas avoir trouvé son dossier de carrière, souligne Gaëlle.

Comme tous les fonctionnaires, Pierre doit bien avoir un dossier de carrière quelque part, qui retrace l'ensemble de son parcours professionnel au sein de la police. Quelque chose cloche.

— Mais quoi ? je demande en entortillant mes pâtes autour de ma fourchette.

Les jours qui suivent, je ne cesse de me demander ce que l'on a bien pu faire ou comprendre de travers. Avons-nous seulement cherché au bon endroit ? Force est de constater que le fonctionnement de la police nous est bien étranger. Pour continuer, il faut que nous arrivions à avoir une vue d'ensemble de cette époque. Mon arrière-grand-père s'inscrit dans une histoire qui le dépasse.

Au fil de nos recherches, nous tombons sur plusieurs livres de référence écrits par le même historien : Jean-Marc Berlière, spécialiste de la police au XXe siècle[1]. En quelques clics, nous trouvons son adresse e-mail.

— J'espère qu'il nous répondra, souffle Gaëlle.

— Mais oui, je suis sûre que ça lui fera plaisir de nous parler de son travail, dis-je, pleine d'espoir.

Et à raison. Il se dit intéressé par l'histoire de mon arrière-grand-père, et prêt à éclairer notre lanterne. Coup de bol, il vient bientôt à Paris et sera disponible pour nous rencontrer. Nous lui donnons rendez-vous près de la place de la République. Pour pouvoir nous répondre au mieux, il nous a demandé de lui envoyer en amont les archives dont nous disposons.

---

1. Auteur notamment de *Policiers français sous l'Occupation*, avec Laurent Chabrun, éditions Perrin, coll. « Tempus », 2001.

Le hasard (ou l'inconscient) faisant bien les choses, nous nous attablons au café Pierre pour lui poser nos innombrables questions. La première étant notre incompréhension face à ces archives minuscules.

— C'est normal que vous n'ayez rien trouvé ! Votre arrière-grand-père était à la Sûreté nationale, pas à la préfecture de police !

Un peu gênée, j'avoue que je ne comprends pas où il veut en venir.

— C'est-à-dire ?

— La Sûreté nationale, c'est la police nationale. Elle est rattachée à l'État. La préfecture de police de Paris est rattachée à… la préfecture. Ce sont deux administrations, deux mondes complètement différents.

Tout s'éclaire. Gaëlle et moi avons fait fausse route. Pierre était policier *à* Paris, et pas policier *de* Paris. La préfecture de police étant une administration distincte de la police nationale, leurs archives ne sont pas conservées au même endroit.

— Si vous voulez trouver le dossier professionnel de votre arrière-grand-père, il faut que vous alliez aux Archives nationales, à Pierrefitte-sur-Seine. C'est là que sont les archives de la police nationale.

7

Novembre 1942

Les yeux embués de sommeil et de mauvaise humeur, Pierre sort du commissariat. Il est de garde ce dimanche, mais il ne pensait pas qu'on viendrait le chercher pour une affaire, encore moins le matin. Allez savoir pourquoi on dépêche un membre de la section judiciaire pour participer à une affaire politique…

Il décide de ne pas se presser. Une cigarette avant de partir ne peut faire de mal à personne.

Il laisse la fumée entrer dans ses poumons. Ses épaules se détendent un peu. Il fait frais, l'hiver n'est pas très loin. La période lui fait penser à sa petite Nini, née en décembre. C'est bientôt Noël. Et là encore, il n'est pas sûr de pouvoir aller lui rendre visite. A-t-elle faim ? Est-elle au chaud ? Pierre ne peut que l'espérer, et compter sur les parents de Raymonde pour s'en assurer.

Pierre a pris une cigarette d'un *bon* paquet. Du vrai tabac, comme on en trouve peu. L'un des avantages de faire partie des forces de l'ordre. Le rationnement de certains produits les touche moins.

Il inspire une dernière fois puis jette son mégot par terre avant de l'écraser du pied. Il garde la fumée encore quelques secondes dans ses poumons avant de la relâcher bruyamment. Il n'a plus de gants, il aura froid aux mains.

Pierre en a déjà assez de cette journée qui n'a même pas démarré. *Quelle corvée !*

Il empoigne son vélo et se met en route. Il sait où aller, Garches, à l'ouest de Paris. Une banlieue proche, il y sera en peu de temps. Pour y faire quoi, ça, Pierre ne le sait pas. Il décide de prendre la route du bois de Boulogne. Tant qu'à faire, autant apprécier la balade.

Il arrive sur les lieux vers midi. Un homme se tient immobile, un journal à la main, devant l'entrée. Pierre le reconnaît, il travaille à la brigade mobile. Ils se saluent d'un signe de tête, et l'inspecteur pénètre dans la demeure. Il a parqué son vélo non loin.

À l'entrée, la concierge lui indique directement le chemin vers une pièce à droite. Un homme et une femme sont assis le long du mur, entourés de deux policiers en civil que Pierre reconnaît vaguement. Les propriétaires, devine-t-il. Ils ont l'air jeune – pas plus de vingt-huit ou vingt-neuf ans – et très mal à l'aise, surveillés par des flics armés et fatigués par leur nuit de garde. Pierre se souvient alors n'avoir pris ni arme ni menottes avec lui.

Un autre policier est assis sur une chaise qui fait face à la porte. Pierre le reconnaît également. Il fait partie de la même brigade mobile. Charles Plouard.

— Fratani, salue l'agent.

Pierre hoche la tête en retour et lui demande directement pour quelle raison on lui a demandé de venir. Charles lui explique qu'un « dangereux terroriste » loge ici. Pierre reconnaît l'expression utilisée fréquemment depuis trois ans. Des communistes, des partisans de la France libre... Des saboteurs opposés aux boches et à Vichy.

La villa a été entièrement fouillée, mais on n'a rien trouvé. Pierre regarde le propriétaire, Robert Diou. Il perçoit son anxiété. Son visage reste toutefois résolu. Robert Diou s'attendait à une perquisition. Pierre devine un homme prudent.

Le terroriste, un certain Louis Lagarrigue, est attendu.

Pierre ne répond rien, hoche la tête. Il plonge les mains dans ses poches, pour trouver de quoi s'occuper. L'attente sera sûrement longue.

Les deux policiers chargés de surveiller les propriétaires et celui positionné devant la maison partent. Leur travail est terminé. Seuls restent Fratani et Plouard, qui en profite pour partir en pause-déjeuner. Lorsque son collègue revient, Pierre va à son tour chercher de quoi manger. Il est affamé.

— Vous savez, Fratani a été embauché par les Allemands, explique Charles Plouard, désormais seul avec les propriétaires.

Robert Diou se tourne vers le policier, bouche bée. Charles Plouard sourit.

— C'est un collaborateur convaincu.

Les heures défilent, mais toujours aucun signe de Lagarrigue. Pierre perd patience, marche en rond dans la pièce, change de position. Plouard, lui, semble rester calme.

Pierre en profite pour poser des questions aux propriétaires. Qui accueillent-ils chez eux ? Savaient-ils qu'ils allaient héberger un « dangereux terroriste » ? Le couple secoue vivement la tête. Ils ont peu de revenus depuis la guerre. Le mari, Robert, cumule une autre fonction : il est agent des services hospitaliers.

Charles Plouard finit par montrer des signes d'impatience.

— Il est peut-être au stade, avance-t-il. Selon nos informations, lui et ses complices opèrent là-bas, parfois.

Pierre saisit l'opportunité de se délier les jambes et propose de s'y rendre. Robert Diou ira avec lui, pour identifier le suspect s'ils devaient le croiser. Plouard acquiesce. Les deux hommes se mettent en route.

— Connaissez-vous les fréquentations de Lagarrigue ?

Pierre sent que le propriétaire est nerveux. Celui-ci pèse ses mots, hésite, se gratte un coin de la tête. Il ne veut pas paraître complaisant avec Lagarrigue, laisser entendre qu'il serait son complice. Ni laisser comprendre qu'il cherche à le prévenir, au cas où le policier ferait vraiment partie des zélés proches des Allemands, un vrai collabo. Robert Diou reste vague, il ne le connaît pas tellement, en fait. L'a vu passer de temps en temps, ils s'échangent des politesses. Rien de plus.

Ils continuent leur chemin dans les rues de Garches jusqu'à arriver sur un terrain plat, où des enfants courent après un ballon. Pierre s'étonne. Ce lieu ne ressemble en rien à un stade. Robert Diou l'informe alors que le projet municipal est en attente de construction. Pierre hoche la tête.

— Est-ce que vous voyez Lagarrigue ? À droite ? À gauche ? Dans la foule ?

Robert Diou secoue la tête. Il regarde Pierre d'un air particulièrement méfiant. « Collaborateur convaincu. » La phrase de Charles Plouard résonne puissamment dans ses oreilles.

À peine sont-ils arrivés au stade qu'une voix les interpelle. C'est Mme Diou. Elle court dans leur direction. Elle est rougie par l'effort et essoufflée.

— C'est Louis… Lagarrigue, il est arrivé.

Elle reprend son souffle quelques secondes.

— Ils se battent à l'intérieur.

Mme Diou se retourne, prête à courir de nouveau. Robert Diou regarde Pierre, l'air inquiet. Mais celui-ci garde son calme. Il remet les mains dans ses poches, l'air nonchalant. Son fédora accentue cette posture lascive, presque je-m'en-foutiste.

— Pas besoin de se presser, assure-t-il.

Les deux propriétaires se regardent, étonnés, puis jettent des coups d'œil suspicieux à Pierre, qui marche tranquillement vers la villa. Ils y arrivent en une dizaine de minutes, tout au plus.

Alors qu'ils ne sont qu'à quelques mètres, un coup de feu retentit. Les deux propriétaires sursautent et se figent. Pierre se hâte. Il pénètre dans la demeure et gagne la salle à manger. Des tables et des chaises sont renversées, un rideau a été arraché.

Plouard tient fermement un homme au sol et est en train de lui passer les menottes. Il a posé ses genoux sur le suspect pour l'empêcher de se dérober.

— Fouille-le ! crie Charles, hors d'haleine. Regarde dans sa chaussette !

Pierre s'exécute. Louis Lagarrigue grogne, résiste autant que possible. Pierre manque de recevoir un coup de pied dans la tête, mais parvient à maîtriser le bas du corps du suspect. Celui-ci hurle. « Vive la France, à bas la police au service des Allemands ! » Près de la cheville droite, Pierre sent un objet en métal long, très reconnaissable. Un petit revolver.

Pierre lève les yeux. Son collègue lui tourne le dos, agenouillé sur le suspect. Pierre glisse sa trouvaille dans sa poche de manteau.

À deux, les policiers parviennent à redresser le « dangereux terroriste », qu'ils adossent à un mur. Sa lèvre est fendue, du sang a coulé sur son menton. Pierre remarque ses traits fins qui témoignent encore d'une certaine jeunesse. Il doit avoir entre trente-cinq et quarante ans. Il défie du regard les deux flics en face de lui.

Plouard s'éloigne un peu. Sa chemise est en partie défaite et la poche, au niveau de la poitrine, a été déchirée. Il se penche pour ramasser son briquet et son portefeuille, perdus lors de l'altercation. Du sang tache sa manche. Plouard demande aux époux Diou où se trouve la salle d'eau la plus proche.

Lagarrigue regarde Pierre intensément. Ils sont à moins d'un mètre l'un de l'autre. Robert Diou, lui, se tient à bonne distance. Il devrait être hors de portée d'un chuchotement discret. Lagarrigue sent qu'il n'a plus rien à perdre, et l'occasion est unique pour essayer d'alléger les charges qui pèsent contre lui.

— Vous ne pourriez pas le faire disparaître ?

Lagarrigue est penché vers Pierre, qui le regarde avec de grands yeux. L'homme hausse les sourcils et lève le pied, comme pour désigner ce qu'il y cachait encore quelques minutes plus tôt.

— Nous ne sommes pas seuls ! s'indigne Pierre.

Pierre se retourne vivement vers les propriétaires, les scrute. Il a du mal à déterminer s'ils ont été entendus. Et c'est l'instant que Plouard choisit pour revenir dans la pièce. Ses vêtements et cheveux ont été rajustés.

Quelques minutes plus tard, le chef de section Vilchien et le commissaire divisionnaire Delgay entrent. Ils ont été alertés par la concierge de l'immeuble dès le début de la mêlée. Plouard se charge de relater l'arrestation. La lutte qui s'est ensuivie. Le coup de feu, parti de son revolver, que Louis Lagarrigue était parvenu à attraper. L'arrivée de Pierre.

— Fratani, avez-vous son arme ?

Comment l'ont-ils su ? Pierre sort le revolver du suspect de sa poche et le tend à son supérieur. Il se sent coupable de donner une preuve incriminante contre Lagarrigue, mais il est aussi un peu soulagé de ne pas avoir caché l'arme. Il aurait rejoint le « dangereux terroriste » en prison, sans aucun doute. Torturé pour cracher le nom de policiers désobéissants. Un frisson lui parcourt le dos.

Le commissaire toise Pierre. Ses lèvres sont pincées dans une moue réprobatrice.

— Je peux savoir pourquoi vous n'étiez pas à votre poste pour l'arrestation ?

Pierre explique la longue attente, l'enquête du côté du stade, en commun accord avec Plouard. Ce dernier acquiesce. Ce n'est pas suffisant pour tirer Pierre d'affaire. Très mécontent, Vilchien examine le revolver en engueulant Pierre, qui se garde bien de répliquer. Si fort qu'il aimerait fermer le clapet à son supérieur hiérarchique, Pierre a appris à se taire depuis sa révocation, en 1940. Et mieux vaut se tenir à carreau dans une affaire impliquant un « dangereux terroriste ».

Tout ce qu'il souhaite, de toute façon, c'est rentrer chez lui et rejoindre Raymonde.

À son bureau, Pierre termine son rapport. Après l'arrestation, son supérieur a exigé des explications écrites sur son absence lors de l'arrestation. *Il souhaite que mon dossier soit entaché.* Pierre bouillonne. Son impuissance le fait enrager.

— Fratani !

Vilchien le convoque dans son bureau. Pierre s'y rend, rapport en main, qu'il pose sur le secrétaire. Les bras croisés devant lui, le commissaire est renversé dans son fauteuil et observe son subordonné d'un air ennuyé.

Dans un bruyant soupir, l'homme se redresse et pose les mains sur la table.

— La section politique a fouillé le domicile de Lagarrigue, ils ont trouvé un petit dépôt d'armes.

De quoi bien aggraver son cas… Pierre ne peut que penser au sort de Lagarrigue. Il n'est plus tenu dans les geôles du commissariat. A-t-il été mené en prison ? Fresnes, peut-être ? Quand sera-t-il présenté au juge ? Pierre croise le regard de son supérieur, qui le scrute. Vilchien lui intime silencieusement de ne pas poser les questions qui, visiblement, le traversent. La certitude frappe alors Pierre : Lagarrigue n'a pas été jeté derrière les barreaux. *Déportation*. Pierre décide de rester muet. Il prend un air impassible, presque dur, et soutient le regard de l'homme en face de lui. Il hoche la tête.

— Rentrez chez vous.

8

Octobre 2021

C'est un samedi matin d'automne comme Paris en connaît tant : froid, gris, pluvieux. Gaëlle et moi avons dit adieu à la grasse matinée. Assises côte à côte dans le métro, nous bâillons à nous en décrocher la mâchoire, les cheveux en bataille et les paupières à demi fermées. Mais les réponses à nos questions sont peut-être enfin là, au bout du bout de la ligne 13 du métro parisien, à Pierrefitte-sur-Seine.

Une bourrasque de vent humide nous accueille au sortir de la station. Je consulte mon GPS quand Gaëlle pointe un panneau du doigt.

— Regarde, c'est écrit par là, Archives nationales !

Quelques minutes de marche, et nous arrivons devant un immense bâtiment à l'architecture moderne. Trois cent soixante-treize kilomètres de documents venus des grandes administrations françaises y sont centralisés. Et, au milieu de tout ça, les traces de mon arrière-grand-père.

Cette fois-ci, nous sommes préparées. Quelques jours avant notre venue, j'ai envoyé un mail aux archivistes via un formulaire dédié sur le site des Archives nationales. La réponse, très détaillée, nous fait savoir qu'il existe plusieurs documents nous intéressant :

Je vous prie de noter que nous vous apportons une aide à l'orientation dans les fonds d'archives mais que c'est à vous qu'il revient de mener les recherches et d'y répondre, ainsi que d'effectuer ou de faire effectuer les dépouillements dans les documents et donc d'identifier précisément les documents que vous demandez à la reproduction.

Oui, bon… J'ai quelques souvenirs de mes cours de CDI du collège, mais je ne vois vraiment pas comment trouver des références aussi précises avec une idée aussi vague de ce que je cherche. À la lecture de ce passage, je me sens légèrement humiliée et quelque peu fautive.

Sympathique, notre interlocuteur ne s'arrête toutefois pas là :

Cela dit et pour faire suite à votre demande, j'ai le plaisir de vous informer que le dossier de pension de votre arrière-grand-père est conservé aux Archives nationales sous la cote F/4/3230.

De plus, une recherche rapide sur nos bases de données internes laisse à penser que nous conservons des dossiers en rapport avec votre recherche :

Pierre FRATANI → 19940493/213 (cote conservée à Pierrefitte) ; 19770357/29 (cote indisponible pour l'instant, conservée à Fontainebleau).

Louis LAGARRIGUE → Z/5/47, dossier n° 1836 (cote conservée à Pierrefitte).

Jean Léon FORGUES → 20160181/33, dossier n° 61953 (cote conservée à Pierrefitte).

Et de préciser :

Cela dit, seule la consultation de ces dossiers/documents vous permettra de déterminer s'il s'agit bien des personnes que vous recherchez.

Nous entrons dans le bâtiment des Archives, passons la sécurité. De grandes baies vitrées laissent entrer la lumière naturelle dans l'édifice. De l'autre côté des vitres, on aperçoit des bassins d'eau rectangulaires. Le style est plutôt blanc, épuré. Presque monastique. Hormis deux femmes à l'accueil en train de bavarder, le hall est désert.

— Bonjour, vous venez pour consulter des documents ? demande l'une des agentes.

— Oui, on a les cotes et euh… C'est la première fois qu'on vient, donc on ne sait pas comment ça marche, explique Gaëlle en rougissant un peu.

— Vous avez vos cartes de lectrice ?

Pas de surprise : comme aux archives de la préfecture de police, il faut une carte pour accéder aux salles de lecture.

— Non, pas encore.

— Alors, on va commencer par là !

La dame appelle quelqu'un. Un homme arrive en trottinant depuis le bout du hall. Toujours un peu gênants, ces moments où l'on attend qu'une personne arrive jusqu'à soi. Je ne sais pas quoi faire de moi. Il finit par nous interpeller :

— Vous voulez consulter des documents mais vous n'avez pas de carte ?

— Oui, voilà…

À son ton, j'ai l'impression qu'on a encore fait une connerie.

— Vous n'avez pas lu le site des Archives, ou quoi ? Le samedi, vous ne pouvez pas réserver de document le jour même, il faut les commander en avance.

L'homme prend un ton faussement bourru, bien paternaliste. *Il nous prend pour des demeurées ou quoi ?* Une vague d'embarras et d'exaspération monte immédiatement en moi.

— Et, sans carte, vous ne pouvez pas commander les documents non plus.

— Est-ce qu'on peut faire la carte maintenant, au moins ? Comme ça on revient samedi prochain en ayant réservé nos documents.

— Pas de problème, suivez-moi. Mais vous savez, il faut vraiment bien regarder le site, parce qu'après vous faites du trajet pour rien et puis…

On le suit jusqu'à son bureau sans prêter attention à sa logorrhée infantilisante. Dans son dos, Gaëlle me lance un regard en coin et lève les yeux au ciel. Nous avons débarqué à Pierrefitte enorgueillies par notre enquête et nos rêves de grandes découvertes. Tout ça pour se faire rattraper encore une fois par la réalité du fonctionnement des administrations…

— Il faut que je vous prenne en photo pour la carte. Souriez, allez !

Et c'est bredouilles que nous repartons vers le métro, nos expressions irritées imprimées sur nos cartes en plastique flambant neuves.

Le samedi suivant, nous retournons aux Archives en espérant que, cette fois, tout fonctionne. La veille, j'ai réservé les cotes que l'archiviste nous avait indiquées par mail. Nous revoici devant l'accueil des Archives nationales, carte en main.

— Allez aux vestiaires qui sont au fond. Il faut déposer vos affaires dans les casiers, choisir un code, puis vous pouvez rejoindre la salle de lecture, où vos dossiers vous attendent.

On traverse le hall – toujours aussi désert – jusqu'à atteindre les casiers dont les couleurs vives tranchent avec les nuances blanches du sol et des murs. On en choisit un, on dépose veste, manteau, sac… Ne gardant qu'un carnet, un crayon à papier et nos téléphones chargés à bloc.

— Vous avez les places 101 et 103. Allez vous installer, ça va prendre un petit moment pour tout récupérer !

On s'avance dans l'immense salle. Étudiant·e·s, professeur·e·s, chercheur·euse·s… Un peu partout, des personnes sont penchées sur de gros volumes. « Trouvé ! » On s'installe à l'une des grandes tables en bois noir. Nous sommes les seules à travailler en binôme, ce jour-là.

— Il y a même des chariots pour transporter les documents ! souffle Gaëlle, impressionnée.

L'ambiance est studieuse, très calme. On entend le bruit des pages qui se tournent. Les minutes passent. Je me dis qu'il est temps d'aller voir où en est notre commande.

— Vas-y, je garde tes affaires, me chuchote Gaëlle.

Au guichet, la jeune femme est occupée à soulever de lourdes boîtes en carton et à les aligner sur le comptoir.

— Vous allez devoir prendre un chariot, glisse-t-elle, légèrement essoufflée.

Mes yeux s'écarquillent. *Tout ça ? Pour nous ?* Ça n'a plus rien à voir avec les deux pages qui se battaient en duel du côté des archives de la préfecture de police.

Quand Gaëlle me voit débarquer avec le chariot, un sourire vient étirer son visage.

— C'est incroyable ! Y a tellement de trucs, c'est énorme !

— Oui, ENFIN, quoi ! Par contre, les archives ferment dans cinq heures, ça va être clairement impossible de tout lire d'ici là.

Gaëlle prend un dossier, j'en prends un autre. Chacune parcourt les pages rapidement, tout en les prenant en photo, pour tout relire plus tard, à tête reposée et sans se presser. Un travail à la chaîne qui nous laisse tout de même le loisir de repérer les passages les plus importants.

Dossier de pension, dossier de la cour de justice de la Seine, témoignages... On feuillette même le dossier de ce fameux Forgues, le type louche dont nous avons trouvé le nom dans la note des renseignements généraux.

Lorsqu'on chuchote, les gens autour nous lancent des regards noirs. On essaie de ne pas faire trop de bruit. Mais difficile de rester silencieuses...

— Oh putain, regarde ça !

Oups, j'ai parlé un peu fort. Gaëlle et moi sommes aussi concentrées que surexcitées.

— Je viens de tomber sur un truc dingue. Apparemment, Pierre était en poste à Bourges en 1940, juste avant Vichy.

— Donc, avant Douai, il n'était déjà pas à Paris...

— Oui, voilà. Premier truc. Mais c'est pas ça qui est dingue... Regarde, c'est une appréciation de son supérieur de l'époque.

Je tends le papier à Gaëlle, essayant tant bien que mal de me retenir d'exploser de rire.

> Mr FRATANI, affecté contre son gré au Commissariat Spécial de Bourges pour la durée de la guerre, n'a cessé de protester contre cette affectation. Dès son arrivée, il a montré une excessive mauvaise volonté dans l'exécution de son service et a fait preuve du plus mauvais esprit, essayant même d'entraîner ses collègues dans l'indiscipline. Son attitude à l'égard du Chef de service n'a cessé d'être incorrecte, provocante et d'un exemple déplorable pour le personnel.
>
> À la suite d'une enquête de Mr le Contrôleur Général PIETRERA, il a été rétrogradé à la 6e classe pour une durée de 6 mois et déplacé à Longwy.

De plus, Mr FRATANI était réputé comme étant de moralité plus que douteuse.

Je regrette d'être obligé de déclarer que la note générale qu'il mérite, tout au moins pour son séjour à Bourges, est un zéro.

0!

— Mais c'est incroyable ! commente Gaëlle, goguenarde. Tu as vu ? Quelqu'un a même écrit un zéro suivi d'un point d'exclamation dans la marge !

Indiscipline, moralité plus que douteuse, zéro pointé... Je suis tellement soulagée de lire ça. Presque joyeuse. Jusqu'à présent, mon arrière-grand-père était un fantôme informe sur lequel je me contentais de projeter mes craintes.

Pour la première fois, j'arrive à me le représenter. Je le vois interagir avec ses collègues, envoyer balader son supérieur, siffler des insultes en corse entre ses dents... En lisant cette appréciation calamiteuse, je me fais le portrait d'un homme libre d'esprit, franc, qui dit ce qu'il pense. Quelqu'un qui ne se perdrait pas dans une obéissance aveugle.

Ça me rend un peu fière. J'ai toujours eu de la sympathie pour les rebelles.

— C'est pas possible que ce mec désobéissant se soit soudain soumis au régime de Vichy... Comment tu peux passer de ce genre d'attitude à la traque de communistes à Douai, un an après ?

— Aucune idée... Mais on va bien trouver des explications dans tout ce bazar, répond Gaëlle, le nez à nouveau plongé dans sa pile.

Au bout de quelques secondes, elle ajoute :

— Et puis, surtout : pourquoi ont-ils gardé un agent aussi indiscipliné ? À cette période, c'était risqué pour un régime complètement parano, non ?

C'est vrai que ça fait difficilement sens de garder un mouton noir pareil dans ses rangs.

Les heures défilent, j'ai peur de manquer de temps, mais Gaëlle insiste pour faire une courte pause-déjeuner. Après un rapide burger et des frites[1] à la gargote du coin, nous reprenons notre travail de photographes compulsives.

J'ai la tête qui tourne en repartant des Archives nationales. Trop de noms, de dates, de mots, d'informations… Il sera toujours temps de tout relire attentivement, pour approfondir et tenter de donner un sens à tout ça.

1. Vive le gras.

9

Pour un 10,5 m², le studio de Gaëlle est bien agencé, avec canapé et lit escamotable. Elle m'y a invitée pour qu'on puisse discuter de nos trouvailles et essayer de démêler la pelote de nœuds qu'est la vie de Pierre. On prend d'abord un moment pour préciser nos questions, avant de s'attaquer méthodiquement à la recherche de réponses. Gaëlle récapitule :

— La première période à éclaircir, c'est celle du début de Vichy. Comment Pierre passe-t-il de Longwy, où il a été rétrogradé, à Douai puis à Paris quelques années plus tard ? Il est où, pendant ce laps de temps ?

Chacune sur son ordinateur, on fait défiler les photos prises aux Archives nationales. PV, déclarations, notes administratives…

— C'est vraiment le bordel, soupire Gaëlle.

Notre mal de tête post-archives n'est pas loin de revenir. Apparaît alors sur mon écran un procès-verbal de juillet 1945.

J'essaie de me remémorer la chronologie des événements. *Quand est-ce qu'il a été emprisonné ? Avant, ou après ?* Tout est flou.

— Il faut vraiment qu'on fasse une frise chronologique.

Gaëlle acquiesce d'un petit rire fatigué.

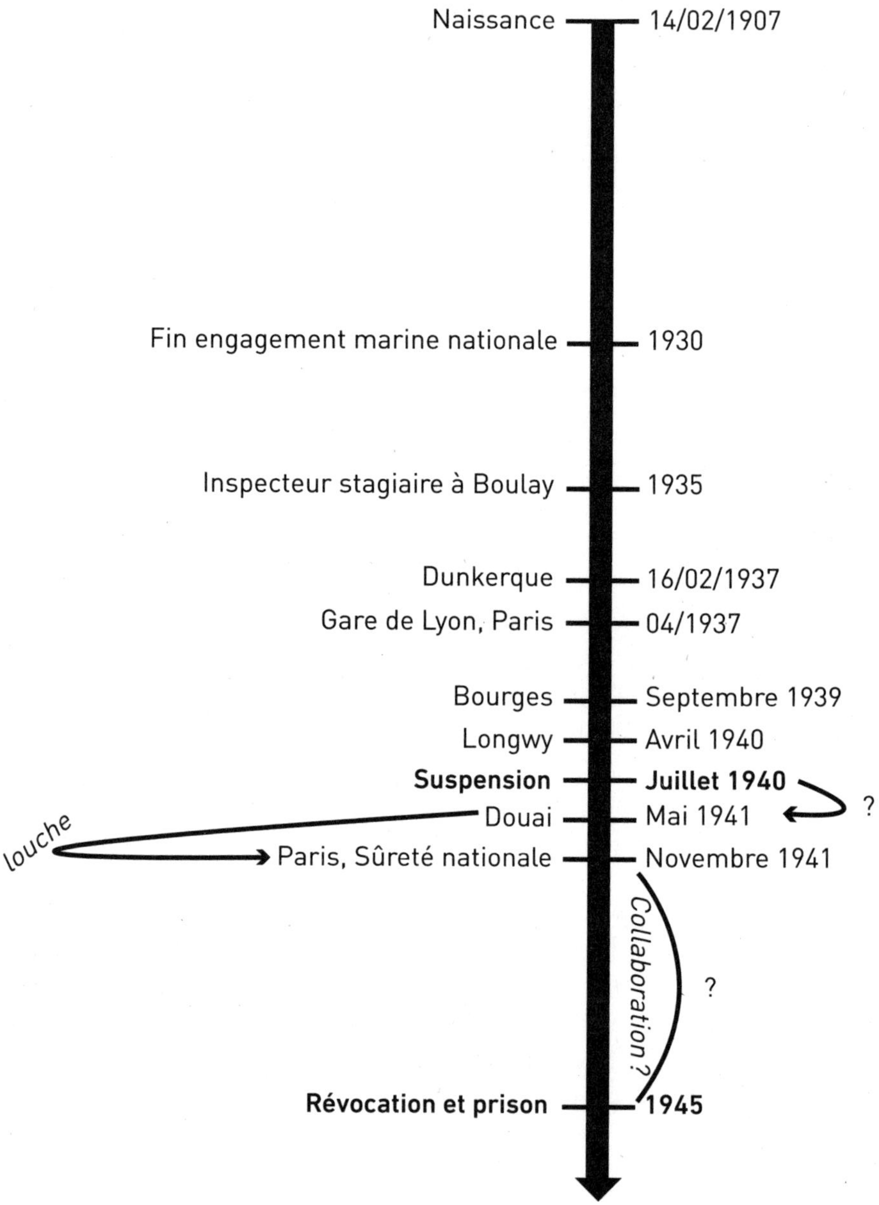
Naissance
14/02/1907
Fin engagement marine nationale
1930
Inspecteur stagiaire à Boulay
1935
Dunkerque
16/02/1937
Gare de Lyon, Paris
04/1937
Bourges
Septembre 1939
Longwy
Avril 1940
Suspension
Juillet 1940
?
Douai
Mai 1941
louche
Paris, Sûreté nationale
Novembre 1941
Collaboration ?
?
Révocation et prison
1945

— Il serait temps, oui.

Je me penche plus en détail sur le PV. Pierre raconte toute sa carrière au policier qui l'interroge. *Bingo !*

Juillet 1945

Pierre, seul dans une salle d'interrogatoire, assis à la place des criminels. Il n'aurait jamais cru en arriver là. Une sacrée inversion des rôles. Il sait que c'est seulement pour prendre sa déposition, qu'il n'est pas en état d'arrestation. En tout cas, pas pour l'instant. Et il s'est décidé à se présenter à cette convocation seul, avant que de gros bras ne viennent le chercher. Plutôt un bon point pour lui, non ?

Il se sent tout de même démuni. Trois mois qu'il tourne en rond chez lui, à ne pas savoir quoi faire. À subir les regards de travers – de ceux qui l'accusent d'avoir collaboré, ou de ceux qui l'observent à rester chez lui, sans emploi, quand sa femme se démène à la Compagnie française de raffinage. Il a l'impression que le monde entier s'est refermé sur lui, comme la coquille d'une huître. Et il n'est certainement pas une perle.

Il fait chaud dans la salle. Des gouttes de sueur perlent sur le front de Pierre, des auréoles tachent sa chemise. Il garde les bras croisés. Seule sa jambe qui monte et descend nerveusement trahit son état. Il veut paraître nonchalant, presque détaché quand le policier entrera dans la salle. De un : donner l'idée qu'il n'a rien fait, et qu'il n'en a rien à faire. Et de deux : jouer au plus fort, être au-dessus de l'autorité qu'il représentait pourtant moins de trois mois plus tôt.

Deux policiers entrent dans la pièce. L'un, en uniforme de commissaire, l'autre, armé d'une machine à écrire pour dactylographier sa déposition. Ils s'installent en face de lui.

Une vieille table en bois tachée les sépare. Le commissaire lève un sourcil en voyant comment se tient Pierre. Il s'attendait sûrement à plus de dignité de la part d'un ancien collègue. *Mais enfin*, pense-t-il, *c'est un collabo, c'est sûr. Il ne se serait pas dérobé à la convocation, sinon.*

— Je suis le commissaire Marcel Clerissi, annonce-t-il. Je vais prendre votre déposition.

Pierre se redresse. Clerissi. Il reconnaît ce nom. Membre de l'Ajax. Ami d'Orabona. Pierre a envie de cracher au sol. *C'est eux qui intriguent contre moi ! Ils montent le dossier par pure vengeance !* Le Corse bouillonne.

Le commissaire se penche sur ses notes.

— Vous êtes soupçonné d'intelligence avec l'ennemi en ayant collaboré avec monsieur… Jean Forgues.

Pierre reste muet. Le commissaire commence la procédure de déposition.

— Nom ?

— Je me nomme Fratani, Pierre Noël, et suis né à Vezzani, écrivez V-E-Z-Z-A-N-I, en Corse, le 14 février 1907, des feus Mathieu et Alfida Leandri, L-E-A-N-D-R-I.

Le fonctionnaire jette un coup d'œil à Pierre de derrière sa machine à écrire et sourit, reconnaissant. Le commissaire Clerissi saisit son crayon et barre les trois premières entrées de son questionnaire.

— Marié ?

— Oui, depuis le 29 mars 1940, Mlle Peyroux, Raymonde, née le 13 juillet 1907 à Paris, XIIIe arrondissement. Nous avons une fille, âgée de cinq ans, prénommée Alfida.

— Nationalité ?

Pierre se retient de répondre « corse » avec un air narquois. L'idée le fait quand même sourire.

— Française.

Le policier-scribe note rapidement tout ce qui se dit. Le cliquetis des touches remplit la salle encore quelques secondes, avant que le commissaire ne passe à la question suivante.

— Vous êtes entré dans la marine, il me semble.

— J'ai souscrit, en 1925, un engagement volontaire de cinq ans dans la marine de guerre. J'ai été libéré en 1930 avec le grade de quartier-maître fourrier.

— Profession actuelle ?

— Sans profession. J'ai été révoqué de mes fonctions d'inspecteur de police à la 1re brigade mobile de Paris le 11 mai 1945. Je vous donnerai, dans le courant de ma déposition, tous renseignements utiles relatifs à cette mesure.

Le commissaire Clerissi hoche la tête en observant Pierre. Il s'est de nouveau adossé à sa chaise en évoquant sa révocation. Pierre a tourné la tête et fixe le mur. Si les regards pouvaient porter des coups, il aurait réduit cette paroi en poussière. Mais elle a le culot de rester solide, sa pierre intacte.

— Je ne suis ni médaillé ni pensionné, ajoute Pierre.

Clerissi regarde à nouveau sa feuille. Une question, en particulier, a l'air de le tarauder depuis qu'il a lu le dossier de Pierre Fratani.

— Dans quelles conditions le conseiller criminel Boemelburg a-t-il été amené à intervenir en votre faveur auprès de l'administration ? En indiquant, par le canal de M. Perrier, qu'il… vous « considère comme un très bon agent de recherche pour la lutte contre les communistes » ?

Pierre se redresse à nouveau et décroise les bras pour la première fois afin de poser ses mains sur la table. Il savait que ça sortirait, c'était sans doute ce qui motivait cette convocation en premier lieu. En tant que résistant de l'Ajax, il est du devoir de Clerissi d'épurer un éventuel collabo. Même si

Pierre a préparé sa déposition, sa nervosité monte. Il sent comme une tension le long de ses épaules. La pièce a-t-elle toujours été si petite ?

— Je vais vous expliquer d'abord mes démêlés avec l'administration de Vichy, et ensuite avec l'administration actuelle.

Pierre commence à résumer sa carrière. Il fait attention à ne pas parler trop vite, pour que le secrétaire puisse bien tout consigner. D'abord le concours d'inspecteur stagiaire de la Sûreté nationale en 1931, puis son premier poste en 1935, à Boulay, en Moselle. Les différentes mutations qui ont suivi : février 1937 à Dunkerque, avril 1937 à la gare de Lyon de Paris. Puis la guerre arrive et il est détaché à Bourges, en septembre 1939.

Pierre ne raconte que l'essentiel. Pas besoin d'aborder ses insubordinations, ou comment il a tout tenté pour revenir travailler à Paris afin d'être auprès de Raymonde. Un entêtement qui a fini par lui exploser à la figure, puisqu'il est rétrogradé et muté encore plus loin, à Longwy, près de la frontière luxembourgeoise, le lendemain de son mariage.

— Après l'exode, j'ai été à nouveau envoyé au commissariat spécial de la gare de Lyon à Paris.

Pierre s'arrête. Le commissaire laisse le silence s'installer quelques secondes, marqué par le cliquetis de la machine à écrire, qui finit enfin par se taire.

— Vous avez été suspendu en 1940.

— Oui, par application de la loi du 17 juillet 1940. À compter du 1er novembre 1940, j'ai été relevé de mes fonctions. Les motifs donnés pour ma suspension étaient, je crois, « mauvais esprit à l'égard du gouvernement de Vichy ».

Loi du 17 juillet 1940 concernant les magistrats, les fonctionnaires et agents civils ou militaires de l'État relevés de leurs fonctions :

Art. 1er - Pendant une période qui prendra fin le 31 octobre 1940, les magistrats et les fonctionnaires et agents civils ou militaires de l'État pourront être relevés de leurs fonctions nonobstant toute disposition législative ou réglementaire contraire.

La décision sera prise par décret, sur le seul rapport du ministre compétent et sans autres formalités.

Art. 2 - les agents relevés de leurs fonctions percevront, pendant une période de trois mois, le traitement, la solde ou le salaire et les indemnités de résidence, indemnités pour charges militaires ou pour charges de famille dont ils bénéficiaient.

Pierre sourit. Ce détail joue en sa faveur. Eh oui, un vilain petit canard, où qu'il aille. Certainement pas complaisant avec Vichy. Il regarde intensément l'homme qui lui fait face. *Note bien ça.*

— Qu'avez-vous fait, ensuite ?

— Je suis revenu à Paris, et j'ai retrouvé ma femme, qui venait d'être licenciée de son poste d'ingénieure chimiste à la Compagnie française des pétroles de l'Arsenal, en raison des nouvelles lois sociales.

« Mauvais esprit à l'égard du gouvernement de Vichy. » Ça me rassure. Mon arrière-grand-père s'est bien fait virer de la police quand les pleins pouvoirs ont été accordés au maréchal Pétain par le Parlement, le 10 juillet 1940. Comment aurait-il pu être hostile à Vichy *et* collabo ?

— Ce n'est pas une des lois dont nous a parlé Jean-Marc Berlière ? me rappelle Gaëlle.

— Si, il me semble aussi ! Il faudrait retrouver ce passage dans la transcription de son interview.

Comme mon grand-père maternel Alain, et comme beaucoup d'autres historiens, Jean-Marc Berlière est un passionné. Dans le café de la place de la République où nous l'avions retrouvé quelques mois auparavant, il nous avait offert une avalanche d'informations, d'anecdotes et de références précieuses. Il nous a fallu en savoir un peu plus sur Pierre pour pouvoir faire le lien entre sa trajectoire et les données partagées par l'historien.

Jean-Marc Berlière nous avait parlé de l'une des premières lois de Vichy, promulguée le 17 juillet, qui a permis de révoquer arbitrairement tous les fonctionnaires, dont les policiers, suspectés de ne pas partager l'idéologie du nouveau gouvernement : « Vichy, c'est un État autoritaire, antidémocratique, porteur d'un projet idéologique qui s'appelle la Révolution nationale et qui est fondé sur l'exclusion de tous les "mauvais Français", pour Vichy. Donc, les communistes, les Juifs, les étrangers, etc. »

Je fais le point :

— Donc, en 1940, Pétain fait le ménage dans sa police. Pas question d'y laisser des républicains ou autres gauchistes qui lui mettraient des bâtons dans les roues !

— Et parmi eux, Pierre s'est retrouvé dans le viseur de Pétain, complète Gaëlle.

Avec sa devise « Travail, famille, patrie », Pétain veut une France qui se tient sage. En séparant les « bons » Français des autres, mais aussi les bonnes Françaises. Je relis le procès-verbal de Pierre, quand il parle de Raymonde : « Licenciée de son poste d'ingénieure chimiste à la Compagnie française des pétroles de l'Arsenal, en raison des nouvelles lois sociales. »

Ce passage m'intrigue. Réflexe d'ancienne étudiante en droit, j'ouvre immédiatement Légifrance, à la recherche des lois sociales de Vichy. Trois mois après la révocation de Pierre, c'est au tour de la loi « sur le travail féminin » d'être publiée au *Journal officiel*. Un concentré de misogynie, dont mon arrière-grand-mère, Raymonde, a probablement été directement victime.

J'en fais la lecture à Gaëlle.

— Attention, j'espère que tu es bien accrochée à ton siège. Ça commence comme ça : « En vue de lutter contre le chômage, le travail féminin est soumis aux dispositions ci-après… »

— Lutter contre le chômage en empêchant les femmes de travailler, quelle logique imparable ! lance Gaëlle, non sans ironie. Elle dit quoi la loi, ensuite ?

Je scanne rapidement le texte. Les articles énoncent les conditions, très strictes, selon lesquelles les femmes peuvent être employées dans les différentes administrations françaises.

— En gros : les femmes mariées sont mises à la porte, celles de plus de cinquante ans à la retraite, et celles qui sont célibataires sont encouragées à se marier en échange d'une petite somme d'argent. Une femme, pour Pétain et ses sbires, c'est fait pour s'occuper du foyer, un point c'est tout.

— On n'est bonnes qu'à la cuisine, c'est bien connu, ironise Gaëlle[1].

---

1. Dont le répertoire culinaire se limite, pour l'essentiel, aux pâtes au pesto du supermarché.

Même si la misogynie de Vichy n'a rien d'un scoop, cela fait toujours un choc de voir des horreurs pareilles écrites noir sur blanc dans un texte de loi, de se rappeler que nos grands-mères sont nées dépourvues des droits qui nous paraissent aujourd'hui si solidement garantis. Le droit de vote des femmes : 1944. Ouvrir un compte en banque seule : 1965. Avorter : 1975.

J'imagine Raymonde renvoyée au foyer du jour au lendemain, empêchée soudain de poursuivre la carrière qui la faisait vibrer. Elle qui était à l'avant-garde avec son diplôme d'ingénieure chimiste et sa thèse. Qui, aux dires de ma grand-mère, ne vivait que pour ses recherches... La violence que ces femmes ont dû ressentir m'arrive en écho, des années après. Cela me rappelle cette scène de *La Servante écarlate*[1] dans laquelle June, l'héroïne, se rend à son travail comme à son habitude. Sur le chemin, elle essaie de s'acheter des cigarettes : impossible, elle n'a plus accès à son compte en banque. Une fois qu'elle est arrivée au bureau, son chef rassemble toutes les femmes de l'entreprise, des soldats derrière lui, et annonce : « Je suis désolé, mais c'est la loi. Il faut que je vous lâche. Je dois toutes vous lâcher. »

Loin de la dystopie, l'actualité récente nous rappelle à quel point rien n'est acquis. Les États-Unis, pays sauveur des Alliés, nous l'ont bien montré. Alors que le droit à l'avortement était assuré au niveau national depuis 1973 par l'arrêt Roe *vs* Wade, la Cour suprême a décidé en 2022 d'annuler celui-ci. Ce qui a laissé la liberté aux cinquante États de légiférer comme ils le souhaitaient. À peine la moitié ont maintenu la légalité de l'avortement. Les autres l'ont restreint, voire interdit.

1. Roman dystopique féministe de Margaret Artwood (adapté en série), dans lequel les femmes sont privées de liberté et hiérarchisées suivant leurs capacités reproductives.

Une situation particulièrement dangereuse pour les États-Uniennes. Défaut de soins, infections, hémorragies, humiliations… Elles risquent gros depuis que le droit à l'avortement n'est plus assuré. En 2023, cinq Texanes ont même saisi la justice de leur État, très conservateur et où la pratique de l'IVG est interdite sous peine de lourdes amendes voire d'emprisonnement (jusqu'à quatre-vingt-dix-neuf ans d'incarcération !). Deux d'entre elles ont dû risquer leur santé en partant dans un autre État pour avorter. Une autre, qui avait perdu les eaux à la suite d'une fausse couche, a fait une septicémie et a passé plusieurs jours en soins intensifs. Les médecins ne voulaient pas la prendre en charge tant qu'elle ne montrait pas de signes d'infection, de peur d'être condamnés pour avoir aidé à interrompre une grossesse. Prise en charge trop tard, la patiente a perdu l'une de ses trompes.

Et c'est sans parler des militant·e·s « pro-vie » qui brandissent des affiches de fœtus morts devant les cliniques pour faire culpabiliser celles et ceux qui ont recours à l'IVG.

Un retour en arrière de plus de cinquante ans, qui nous fait l'effet d'un rappel violent : les institutions peuvent encore faillir. Il suffit d'un changement de leader politique pour mettre en péril les droits des femmes. Une réalité aussi dangereuse en 1940 qu'en 2024.

— Récapitulons, propose Gaëlle. En novembre 1940, Pierre et Raymonde sont mariés depuis quelques mois. Ils se retrouvent d'un coup consignés à la maison tous les deux, sans aucune perspective de salaire.

— Et avec un bébé en route !

Je n'imagine même pas ce que ça pouvait être, de vivre dans ces conditions, en plein Paris occupé.

Pierre regarde attentivement le commissaire assis en face de lui. Les deux hommes se toisent, méfiants. D'un geste de la main, Marcel Clerissi l'invite à continuer.

— Vers la fin du mois de novembre 1940, j'ai été interpellé, sur la voie publique, par la police allemande. Conduit rue des Saussaies, j'y ai été interrogé et une perquisition a été effectuée à mon domicile.

— Pour quelle raison ?

— Les autorités occupantes prétendaient que j'avais des armes chez moi. Rien n'a été trouvé au cours de cette perquisition. Néanmoins, j'ai été envoyé au Cherche-Midi et détenu environ deux mois. J'ai été relâché sans avoir été jugé.

Encore la preuve qu'il a été la victime du régime nazi en France, et non son collaborateur. Pierre aimerait hurler. Il était déjà outré par l'*injustice intolérable* de cet emprisonnement de deux mois, et en ressent encore une grande colère. Mais celle qui lui est faite aujourd'hui ? Il pourrait renverser la table, si cela ne risquait pas de l'emmener en prison immédiatement.

— Et ensuite ? continue le commissaire.

— Quand j'ai appris qu'une délégation de la Sûreté nationale se trouvait à Paris, j'ai adressé une requête demandant ma réintégration, faisant valoir ma situation de famille.

Rien que de repenser à ces longs mois sans emploi, sans argent pour se chauffer ou s'alimenter… Ces longs mois à regarder Raymonde dépérir, de faim et de tristesse. Une colère bouillonnante l'envahit, menaçant de déborder. À l'époque, il s'était senti complètement abandonné par l'institution à laquelle il avait pourtant dédié plusieurs années. Les pousser, lui et sa femme, à abandonner leur fille… Ils n'ont pas eu d'autre choix que de laisser leur petite Alfida aux parents de Raymonde. Cette séparation est vraiment difficile. Ils ne la voient pas grandir.

— J'ai demandé en mars 1941 une audience à M. Nativel, le directeur du personnel, et il m'a reçu. Le 1er mai, j'ai été réintégré, non pas avec le grade de quatrième classe que j'avais au moment de ma suspension, mais avec celui d'inspecteur stagiaire. Je devais rejoindre le commissariat spécial de Douai.

— Rétrogradé, donc ?

— Oui, et j'ai aussi subi un préjudice pécuniaire. Le 1er mai 1941, j'ai rejoint mon nouveau poste. Avec l'appui de mon chef de service, j'ai sollicité de Vichy mon reclassement et le paiement des mois de traitement pour la période de ma suspension. La réponse de Vichy est tombée : une mesure de clémence avait été prise envers moi, et mon reclassement ne pouvait être envisagé.

Clémence… Peut-on parler de clémence quand on ne donne que des miettes à un affamé ? Pierre l'a encore mauvaise. Ces chiens de Vichy ont osé lui parler de clémence alors qu'ils avaient surtout besoin de lui. C'est bien beau de licencier les agents ayant un « mauvais esprit » à l'égard de Vichy. Le nouveau gouvernement s'est vite rendu compte qu'il n'avait plus assez de bras pour assurer l'ordre. On ne forme pas des policiers en un clin d'œil. Il faut du temps, des recrues. Apprendre à manier une arme, connaître le droit français, commencer en tant que stagiaire. Ça prend des années ! Et il faut des hommes qui ont l'habitude de suivre les ordres de la hiérarchie, quelle qu'elle soit.

Alors oui, il a travaillé pour Vichy. Mais il devait nourrir sa famille, et ce n'est pas comme s'il savait faire autre chose, comme métier. Le commissaire est très bien placé pour comprendre ça, non ?

Visiblement pas. À la fin de la déposition, il annonce à Pierre son arrestation. Il sera conduit à Fresnes dans les jours suivants.

Pierre n'y tient plus. Il a tout dit pour prouver son innocence. *Tout !* Il se lève, proteste contre la décision. D'autres policiers entrent dans la pièce. Il reconnaît immédiatement l'un d'entre eux. *Orabona.* Avant même qu'il ait le temps de réagir, le nouvel arrivant lui assène un coup de poing dans la joue, le déséquilibrant complètement.

Mon arrière-grand-père a été incarcéré pendant deux mois dans une prison allemande, en plein Paris ! Après quelques recherches en ligne, je découvre que le 38 rue du Cherche-Midi a longtemps abrité une prison militaire, que les Allemands ont réquisitionnée pour y enfermer les opposants politiques. Les cellules y étaient pleines à craquer, les prisonniers attachés et torturés.

Ma grand-mère ne m'en a jamais parlé, je ne pense pas qu'elle soit au courant. À vrai dire, elle ne sait pas grand-chose de cette période. Parce qu'elle était très petite, bien sûr, mais aussi parce qu'elle n'était pas à Paris pendant la guerre. Et que, comme tant d'autres, ses parents ont préféré taire leurs souvenirs par la suite. Je redoute de devoir lui faire cette perturbante révélation.

10

Rouge. Bleu. Jaune. Le clignotement des guirlandes lumineuses drape la véranda des couleurs de Noël. Je suis venue passer les fêtes chez ma grand-mère, près d'Arcachon. La journée s'est écoulée, calme, lente, joyeuse… Il fait déjà bien sombre. La famille est éparpillée un peu partout dans la maison – certains font la sieste, d'autres traînent sur leur téléphone, ou regardent une série dans leur chambre.

Dans un fauteuil, les jambes croisées, ma grand-mère est plongée dans un roman. Cela fait un moment que j'ai lâché le mien pour laisser mes pensées divaguer. Au début de la semaine, je lui ai demandé si elle voulait bien me parler de son père. Ce moment tranquille de fin de journée me semble propice.

— Mamie, est-ce que tu serais d'accord pour que je te pose quelques questions sur ton enfance ? Et pour que je t'enregistre ?

Elle finit son paragraphe, ferme le livre, le pose sur la table basse.

— D'accord, où est-ce que tu veux qu'on s'installe ?

— On peut aller dans le bureau de Papy ? Comme ça, on est sûres de ne pas être dérangées.

Nous traversons la véranda, la cuisine puis le couloir pour arriver jusqu'à la petite pièce où mon grand-père, Alain, a passé de longues heures à préparer ses cours et à corriger des copies. J'attrape une chaise au passage et ferme la porte derrière moi. Nous nous asseyons face à face du même côté du grand bureau en bois. Dans notre dos, des étagères remplies de livres d'histoire. En face, un mur au papier peint jauni sur lequel sont accrochés les portraits en noir et blanc de tous mes arrière-grands-parents : Pierre et Raymonde, mais aussi Fernand et Andrée, les parents d'Alain. Notre discussion prend des airs de confidence sous les regards sérieux de mes aïeux.

Je pose mon enregistreur entre nous. Ma grand-mère fait cliqueter ses bracelets dorés. Je sens qu'elle est un peu stressée. Mais je sais qu'elle est aussi heureuse de pouvoir partager son histoire.

— Alors, déjà, qu'est-ce que tu sais de ta naissance ?

— Pas grand-chose…

Je les connais bien, les « pas grand-chose » de ma grand-mère. Elle dit toujours ça avant de dérouler une histoire pleine de détails.

— Je suis née le 11 décembre 1940, à Paris. Mais quelques jours après, je suis partie vivre dans le Limousin, chez mes grands-parents. Ma mère m'a raconté que, la nuit où les contractions ont commencé, il y avait le couvre-feu. Ma tante Madeleine, l'une des grandes sœurs de mon père, l'a emmenée à l'hôpital à pied. À l'époque, mes parents vivaient boulevard de l'Hôpital, et je suis née à l'Hôtel-Dieu.

J'écarquille les yeux.

— Ah oui, ça fait une bonne trotte, avec la douleur des contractions !

Je connais un peu le trajet : ça doit bien faire trente minutes de marche. En pleine nuit. Parcourue de contractions. Avec des soldats allemands dans les rues, intimant à tous de se dépêcher. Les horaires du couvre-feu variaient en fonction du comportement de la population parisienne, sanctionnant les débordements ou la « bonne conduite ». En décembre 1940, le couvre-feu s'étalait de minuit à 6 heures du matin. Pour les contrevenants, la sanction pouvait aller jusqu'à la peine de mort ou la déportation ! J'imagine qu'accoucher était une raison suffisamment impérieuse pour sortir de chez soi, mais le simple fait d'être dehors, même à raison, a dû provoquer chez Raymonde et sa belle-sœur d'horribles bouffées d'angoisse.

— Quand elles sont arrivées, ma tante s'est retrouvée bloquée à l'hôpital à cause du couvre-feu, elle est restée avec ma mère toute la nuit. Et mon père, lui, était coincé… Je ne sais pas où il était.

Je tente de contrôler mon expression, mais je ne peux m'empêcher de mordre ma lèvre inférieure. Un réflexe, quand j'ai peur de dire quelque chose de difficile. Elle ne sait pas où était son père en décembre 1940. Il va falloir que je lui annonce ce que Gaëlle et moi avons découvert dans le procès-verbal. Je parle lentement, pesant chaque mot. C'est le moment.

Alors je lui raconte notre découverte aux Archives. Je lui raconte comment, en 1940, son père a été viré de la police par Vichy, comment sa mère a perdu son emploi, parce que les femmes ne pouvaient presque plus travailler… Et comment, fin novembre 1940, son père a été emprisonné dans une geôle allemande en plein Paris pour deux mois. Ce qui signifie que, le 11 décembre, le jour de sa naissance, il était derrière les barreaux. Loin d'elle. Et il l'était encore quand elle est partie vivre dans le Limousin. Elle n'a connu son père qu'au printemps 1942. Elle avait déjà un an et demi.

Une fois que j'ai fini de tout lui exposer, je me tais. Elle encaisse le coup.

— Mes parents ne me l'ont jamais dit. Tu sais pourquoi il a été emprisonné ?

— Non, pas vraiment, dans un procès-verbal de 1945, ton père explique juste qu'il était accusé par les Allemands d'avoir des armes chez lui, et que l'appartement avait été perquisitionné sans que rien ne soit trouvé. Mais, pour les Allemands, la simple suspicion était un motif suffisant pour mettre des gens derrière les barreaux.

Ma grand-mère prend un petit moment pour digérer cette information. Ses yeux se voilent, perdus dans le vague. Elle était à peine adulte quand elle a perdu ses parents. Un double deuil qu'elle continue de porter à quatre-vingt-un ans. Dans son silence, dans son regard, dans les traits qui tirent soudain les coins de sa bouche, il y a le regret des questions qu'elle n'a pas pu leur poser. De toutes les réponses qu'elle n'aura jamais. Avec cette enquête, j'essaie de lui offrir quelques éléments, pour combler les vides qui jalonnent ses premières années et sa connaissance de la vie de ses parents.

Je décide de relancer la conversation sur un terrain un peu plus connu.

— Et donc, tu es partie dans le Limousin quelques jours après ta naissance…

— Oui !

Son visage s'éclaire à nouveau.

— Ma mère m'a raconté que j'ai été emportée dans un oreiller chez mes grands-parents, à Saint-Germain-les-Belles.

— Pourquoi un oreiller ?

Je m'étonne de ce détail.

— Parce qu'il faisait très froid. C'était pour me garder au chaud…

J'ai un peu de mal à me figurer la scène. Je n'arrive ni à me représenter ma grand-mère en bébé, ni à comprendre comment on peut mettre un petit être dans un oreiller.

— Et pourquoi tu n'es pas restée à Paris ? Tes parents te l'ont dit ?

— Saint-Germain, c'était beaucoup mieux que Paris pour moi ! D'ailleurs, mon père a toujours été très reconnaissant envers mes grands-parents de m'avoir accueillie. C'étaient des gens très gentils. Il disait toujours que je leur devais la vie. Mon pépé et ma mémé avaient une petite ferme. Et ma mère ne pouvait pas me nourrir, elle n'avait pas de lait... Ça se comprend, le corps est fatigué, elle-même n'était pas bien nourrie.

Plus la conversation avance, plus je prends conscience de la rudesse des premières années de ma grand-mère. Et du calvaire que ça avait dû être pour Raymonde ! Ne pas pouvoir partager la joie d'une naissance avec son mari, être dans l'incapacité de nourrir son enfant, devoir s'en séparer si vite... Combien de femmes ont dû prendre des décisions aussi difficiles pendant la guerre ?

— Pourquoi elle n'est pas venue à Saint-Germain avec toi, ta mère ?

Elle secoue la tête avec tristesse et reprend, la voix légèrement cassée.

— Je ne l'ai jamais compris. On n'avait pas grand-chose à manger dans le Limousin, mais c'était déjà plus qu'à Paris. On avait au moins des pommes de terre... Elle me disait que c'était très dur, l'Occupation, qu'il faisait froid, très froid. Arriver à manger chaud, se réchauffer, avoir un peu de charbon, c'était très dur. Il fallait gagner des sous coûte que coûte, et mes grands-parents n'avaient pas les moyens de prendre soin de toute la famille... C'est peut-être pour ça qu'elle ne pouvait pas rester, à y réfléchir.

Ma grand-mère fait une courte pause, le regard plongé dans ses souvenirs. Elle a l'habitude de sauter d'une idée à l'autre, sans transition.

— Un jour, elle m'a raconté que, alors qu'elle était occupée à retirer des germes sur des pommes de terre dans la cuisine, il y a eu un bombardement. Elle a vu l'immeuble en face d'elle s'écrouler. Elle est restée sourde pendant quelque temps, complètement traumatisée.

Comparé à d'autres régions, Paris a été assez peu bombardé pendant l'Occupation. Dans une ville aussi dense, les dégâts ont été considérables. Je comprends encore moins ce choix de rester à Paris, un vrai nid de soldats allemands et de policiers, avec des miliciens partout, des bombardements et la mort à chaque coin de rue.

— À la place de tes parents, je n'aurais pas supporté de vivre cinq ans dans ce danger permanent. Mais bon, c'est facile à dire depuis le confort de mon petit fauteuil.

— Oh, tu sais, mon père, à la fin, il s'était presque habitué… Il ne descendait même plus à la cave quand les sirènes retentissaient. Il en avait marre. Il était vraiment têtu, mon père !

Elle rit en disant cette dernière phrase. *Têtu comme une mule, le Pierrot, oui.* Ne pas s'abriter alors que des obus pleuvent sur Paris. Habitude ou résignation ?

— Et est-ce que tu te rappelles avoir vu tes parents pendant cette période où tu étais à Saint-Germain ?

— Oui, un peu. Je me souviens d'un jour où une femme est arrivée à la maison avec une valise en carton-pâte. Je me suis cachée, toute timide, derrière les jupes de ma grand-mère. Elle m'a dit : « C'est ta maman. » Pour moi, ma mère a longtemps été la dame à la valise.

« La dame à la valise. » Cette expression me glace un peu. Une étrangère, une femme de passage, certainement pas une figure maternelle. Ma grand-mère m'a toujours parlé de Raymonde avec admiration – cette femme brillante, passionnée par son métier d'ingénieure chimiste, qui avait la cuisine en horreur. Elle n'a jamais caché leur relation difficile, la froideur de sa mère, sa sévérité. La guerre et les circonstances de la naissance de ma grand-mère ont-elles causé cette distance ? J'aimerais pouvoir serrer dans mes bras l'enfant esseulée que ma grand-mère a été.

— Pour mon père… J'ai un souvenir plutôt précis, et c'est assez beau.

Son ton change d'un coup, laissant place à la joie de raconter, enfin, un bon souvenir.

— J'étais petite fille, c'était la nuit et c'étaient les vacances de Noël… Il y avait un climat un peu joyeux, étonnant, pas comme d'habitude. D'un coup, j'entends un bruit. Mon grand-père qui dit : « Qui peut bien frapper aux volets ? » Et là surgit un personnage dans la cuisine, comme un diable sauteur. C'était mon père, et c'était merveilleux.

Elle rit encore de cette bonne surprise.

— Il était un peu fantaisiste, mon père, toujours à chanter, à rire, à faire son numéro… Tout l'opposé de ma mère !

L'affection que ma grand-mère porte à ses parents reste intacte, autant que le mystère qui les entoure.

De l'autre côté de la porte du bureau, le cliquetis des casseroles sonne la fin de notre entretien.

— Oh, on ne va pas laisser ta mère préparer le dîner toute seule !

Une porte de sortie bien pratique pour ma grand-mère, qui commence à fatiguer.

— On en reste là pour aujourd'hui ?

11

Dans le train du retour vers Paris, je regarde les paysages défiler. Comme souvent ces derniers temps, je pense à Pierre. Je crois que je commence à comprendre la suite : sa carrière sous l'Occupation, le tournant qu'il prend en 1941 et qu'il explique dans le procès-verbal que Gaëlle et moi avons pu consulter.

La faim, le froid, la peur des représailles, la douleur d'être loin de sa fille… Autant de raisons qui l'ont poussé à rejoindre de nouveau la police au bout de quelques mois. C'était son métier, après tout.

Est-ce cependant une raison valable pour y retourner ? Pierre n'aurait-il pas pu changer de métier, devenir… boulanger ? Je ris doucement à cette idée – lui qui était si chic et si obsédé par l'élégance, je l'imagine mal suer près d'un four à pain, couvert de farine. Si je me mets à sa place, je vois bien combien une reconversion professionnelle pouvait être difficile, surtout en plein Paris occupé, quand il ne suffisait certainement pas de traverser la rue pour trouver un emploi.

Il n'en reste pas moins qu'il sait où il met les pieds. Après plusieurs mois à croiser des Allemands dans la rue, à voir les Juifs de son quartier disparaître les uns après les autres…

Sans compter que son métier le plaçait aux premières loges. Impossible de ne pas voir ni comprendre ce qui se passait. Pense-t-il vraiment pouvoir échapper aux missions de répression ? Peut-être se dit-il tout simplement que s'il redevient policier, l'uniforme le sauvera d'un nouveau séjour au Cherche-Midi…

J'ai du mal à m'identifier à mon arrière-grand-père, à concevoir que l'on puisse vouloir devenir policier, encore moins sous un régime autoritaire. Pourtant, j'ai longtemps eu une image positive de la police, probablement influencée par les séries policières et par tout l'imaginaire que je projetais sur cet arrière-grand-père inspecteur. En licence de droit, j'ai même brièvement eu le projet de me présenter au concours de commissaire, pour pouvoir résoudre des *cold cases* et protéger les victimes de violences conjugales. L'idée m'est vite passée. Porter un uniforme, incarner l'autorité de l'État, être son « bras armé » ? Très peu pour moi. Hors de question de me retrouver, comme Pierre, à appliquer des ordres et des lois en lesquels je ne crois pas. Ou pire : qui vont à l'encontre de mes valeurs.

« Si je n'avais pas été flic, j'aurais été truand. » C'est ce que Pierre disait souvent à ma grand-mère. Comme s'il n'y avait que deux chemins possibles pour un Corse de sa génération : la police ou la mafia[1]. Que voulait-il signifier par là ? Ma grand-mère elle-même n'en est pas certaine. Pierre avait une double passion pour la justice et pour les petites truanderies. Petit, il vendait des fagots de bois à Ajaccio pour se faire quelques sous. Entre les branches et les brindilles, il cachait du papier journal pour rendre le fagot artificiellement plus gros et le vendre ainsi plus cher. Fraîchement retraité, il fraudait régulièrement dans le métro.

1. Il y a énormément de Corses dans la police à cette époque.

Il aimait le petit frisson de la désobéissance, tout en savourant le respect des règles et la possibilité de gravir les échelons. Pierre Fratani, le roi des paradoxes.

S'il a choisi un camp plutôt que l'autre, s'il a poussé pour redevenir policier en 1941, c'est qu'il y croyait, et qu'il ne se voyait pas faire autre chose, même sous les ordres d'un gouvernement auquel il n'adhérait pas. Serai-je un jour confrontée au même dilemme ? Avec la privatisation des médias et leur rachat par des milliardaires, mon secteur professionnel me confronte aussi à ce type de réflexions. La censure des rédactions, les gardes à vue de consœurs comme la journaliste d'investigation Ariane Lavrilleux, les faillites de médias féministes et indépendants finiront-elles un jour par me décourager de faire ce métier dans lequel je crois profondément ? Ne voudrai-je pas au contraire continuer à changer les médias de l'intérieur ? J'aime à penser que c'était le cas de Pierre avec la police. Qu'il y a vu une façon de protéger les plus exposés, de résister. Encore une fois, peut-être voulait-il simplement mettre du pain sur sa table.

Mon train arrive en gare. Je suis contente de rentrer chez moi. J'ai hâte de pouvoir confier mes réflexions à Gaëlle. Elle sait toujours me faire relativiser.

Le lendemain, la voilà dans mon salon, une tasse de thé noir à la main – comme le veut désormais la coutume. Je lui fais un récap de ce que ma grand-mère m'a raconté. Elle hoche la tête, boit une gorgée.

— OK, il décide de revenir dans la police, finit-elle par dire. Mais je ne comprends toujours pas comment il a pu le faire si facilement ? Je veux dire, le gars s'est fait virer quelques mois avant. Pourquoi ils l'ont repris ?

La réponse à cette question se trouve dans notre entretien avec l'historien Jean-Marc Berlière. Plusieurs mois après avoir autorisé la révocation de tous les fonctionnaires républicains, en désaccord avec son projet autoritaire, Vichy réalise qu'il manque de bras et qu'il faut recruter : « C'est un régime répressif, qui a un besoin terrible de la police. Sauf qu'on n'a pas un policier comme ça, en se contentant de lui donner un bâton pour qu'il fasse la circulation. C'est un métier qui s'apprend et qui est difficile. La plupart des policiers révoqués ont donc pu être réintégrés, à la faveur des lois de Vichy qui ont multiplié les policiers et étatisé la police. »

Lorsque l'armistice est signé par Pétain et Hitler, le 22 juin 1940, le sort de la France est négocié. Deux zones sont dessinées : la zone occupée par les Allemands et la zone libre, dont la capitale est Vichy. Pétain espère conserver la mainmise sur la population française. Hors de question de laisser aux nazis le monopole de la répression ou du maintien de l'ordre. Il met la police française au service de l'occupant, lui assure de mettre sa politique d'extermination des Juifs à exécution… En zone occupée, les nazis sont surpris de l'esprit de coopération « étonnamment bon » des policiers français. Et en zone libre… La répression va au-delà de leurs espérances.

Le 30 octobre 1940, le même jour que celui de la publication de la première loi sur le statut des Juifs, une autre loi paraît :

> Les ressortissants étrangers de race juive pourront, à dater de la promulgation de la présente loi, être internés dans des camps spéciaux par décisions du préfet du département de leur résidence.

En zone libre, la police française parque les Juifs étrangers dans des camps d'internement, comme à Rivesaltes ou à Gurs, dans des conditions catastrophiques. Les Allemands n'ont jamais demandé à Vichy de réaliser de telles manœuvres, il s'agit de la volonté propre de Pétain et de son gouvernement.

Quelques mois plus tard, Pierre Laval, le vice-président du Conseil, offrira ces milliers d'innocents en pâture aux Allemands, direction les camps de la mort.

La rhétorique négationniste la plus fréquente consiste à dire que Pétain a protégé les Juifs français, qu'il a ouvert les vannes pour en maîtriser le flot en sacrifiant les Juifs étrangers. Au-delà de l'aspect nauséabond de cette distinction entre les Juifs français et les autres, ce serait oublier que Pétain est antisémite, comme on peut le voir dans un projet d'interview du maréchal dans *Candide*, en mai 1941, qui ne sera jamais publiée : « Voulez-vous en raccourci mon sentiment ? Je n'aime pas les Juifs. Je lutte contre les communistes. Je hais les francs-maçons. Cette haine est une faible réplique à la haine qu'ils ont vouée à tous ceux qui, dans ce pays, veulent encore vivre dans la santé et dans la pureté. »

À cette époque, la France baigne dans un antisémitisme décomplexé, biberonnée par l'idéologie de Charles Maurras et de l'Action française[1]. Charles Maurras, profondément germanophobe, se range pourtant derrière Pétain qu'il qualifie de « divine surprise ».

Dans la lignée de cette idéologie, Pétain souhaite mettre les Juifs à l'écart de la société, il fait la chasse aux communistes avant même que ceux-ci ne soient les ennemis directs du IIIe Reich[2]. Et de nombreux Juifs français en ont aussi été les victimes. Ils sont 24 000 Juifs français à avoir été déportés,

---

1. Groupuscule d'extrême droite comptant 60 000 membres à son apogée. Il publiait un journal éponyme, dirigé par le théoricien d'extrême droite Charles Maurras, nationaliste, antiparlementaire et obsédé par le rejet de l'autre, qu'il soit juif, franc-maçon, protestant ou « métèque » (alias étranger). Le journal a été imprimé jusqu'à 100 000 exemplaires par jour, avant d'être interdit en 1944 pour collaborationnisme.
2. Avec le pacte germano-soviétique, les communistes n'étaient pas les ennemis de l'Allemagne nazie au début de la guerre… Jusqu'à ce que

sur 76 000 au total. Une proportion énorme : plus de 30 % ! En termes de nationalité, les Juifs français sont les deuxièmes à avoir le plus subi de déportations, après les Polonais[1].

La France de Pétain est autoritaire, elle ne tolère aucune contestation. Il l'a dit à la radio, le 17 juin 1940, de sa voix tremblotante de vieillard : « Je fais à la France le don de ma personne pour atténuer son malheur. [...] Que tous les Français se groupent autour du gouvernement que je préside pendant ces dures épreuves et fassent taire leur angoisse pour n'écouter que leur foi dans le destin de la patrie. » Le destin de la patrie, c'est lui-même. Les premiers jours de Vichy, il fait ainsi enfermer certaines grandes figures du Front populaire (comme Léon Blum) ou du gouvernement précédent, qu'il accuse d'être à l'origine de la débâcle française. Et, élément indispensable à l'affirmation de son autorité, à peine arrivé au pouvoir, il se lance dans une grande modernisation de la police, actée par la « loi » (en réalité un décret) du 23 avril 1941.

L'objectif : la rendre plus efficace, plus centralisée, et directement sous l'autorité du gouvernement. C'est la naissance de la police nationale, rattachée au ministère de l'Intérieur :

> Nous, Maréchal de France, chef de l'État français,
>
> Vu l'avis du comité budgétaire ;
>
> Le conseil des ministres entendu.

---

l'Allemagne n'envahisse l'Union soviétique à l'été 1941. À partir de là, le PCF se lance dans la lutte armée contre l'Allemagne nazie.

1. Selon Laurent Joly, directeur de recherche au CNRS, historien spécialiste de l'extrême droite et du régime de Vichy, dans un entretien accordé à France Inter pour le podcast « Le Fantôme de Philippe Pétain », épisode 6. On vous recommande par ailleurs cet excellent podcast.

Décrétons :

Art. 1er - Les services de police sont placés sous l'autorité du ministre secrétaire d'État à l'intérieur et dirigés par le secrétaire général pour la police.

Art. 2. - Ces services sont constitués par :

1° La direction générale de la police nationale au ministère de l'intérieur ;

2° Les services extérieurs de police, placés sous l'autorité des préfets.

Pétain tourne ainsi la page de la IIIe République, durant laquelle la police était à 90 % municipale. Cet ancien modèle pouvait entraîner des blocages : dans les grandes villes, la police recevait ses ordres de l'État, ailleurs, elle les recevait du maire. Pour peu que le maire soit en désaccord avec le gouvernement, les ordres de l'État pouvaient ne pas être appliqués par la police locale. En étatisant les différentes polices, Vichy s'assure une application uniforme de sa politique, par le biais d'une profession où règne déjà la culture de la hiérarchie et de l'obéissance. Pétain gagne un bras armé qui fera (en théorie) tout ce qu'il lui demande. Y compris appliquer des lois injustes, et déporter des Juifs.

Cette hiérarchie efficace était demandée depuis longtemps par les commissaires de police. Elle n'a pas évolué depuis. Gaëlle et moi apprenons avec surprise que l'organisation de la police actuelle découle tout droit de celle de Vichy. L'idée d'une institution hypercentralisée façon Pétain n'a donc pas déplu au gouvernement provisoire de la République en 1944, ni aux exécutifs suivants. Ce non-réformisme interroge quand on regarde l'Allemagne occupée de 1945. Durant la conférence de Potsdam, les Alliés (États-Unis, Royaume-Unis et URSS) affirment le principe de « décentralisation » : selon eux, l'échelon communal est le seul moyen de rétablir la démocratie après le IIIe Reich[1]. Certes, la volonté des pays Alliés, en se partageant le territoire allemand, est aussi de le morceler pour mieux le contrôler. Mais cinquante ans plus tard, l'Allemagne est l'un des États les plus puissants de l'Union européenne. Sa police reste en partie fédérale. Tournée vers la désescalade plutôt que le maintien de l'ordre, elle est moins violente que la nôtre.

En passant de Vichy à la IVe République, la France faisait également face à l'enjeu de la redémocratisation du pouvoir. Ne payons-nous pas aujourd'hui les conséquences de cette absence de remise en question ?

Quelques jours après cette réforme, le 1er mai 1941, Pierre réintègre la police, toujours rétrogradé. Il est muté à Douai, en zone occupée, où il est affecté aux RG, les renseignements généraux. Ce qui ne fait aucun sens dans mon esprit puisque, sous Vichy, les RG sont chargés de la traque des « ennemis de l'intérieur ». En clair, les étrangers et les communistes. Nommer Pierre à ce poste est tout de même étrange. Il est prétendument connu pour son « mauvais esprit à l'égard du gouvernement de Vichy ». Sa hiérarchie souhaite-t-elle l'avoir encore plus à l'œil en le mettant à un poste où il risque rapidement de se compromettre ? Ou, au contraire, Pierre a-t-il endormi toutes les craintes en virant de bord ?

À ce stade de l'enquête, la tentation est grande de prendre une feuille, d'y inscrire deux colonnes, l'une « résistant », l'autre « collabo » et d'y catégoriser chaque nouvelle

1. Lisez à ce propos la BD *Global Police, la Question policière dans le monde et l'histoire*, du politologue Fabien Jobard et du dessinateur Florent Clavez, Delcourt, 2023.

information sur mon arrière-grand-père. Membre des RG sous Vichy ? Collabo. Participation à l'arrestation d'un résistant voué à la déportation ? Collabo. Une note de Boemelburg qui loue son bon travail à Douai ? Gros collabo.

Mais la suite du procès-verbal vient encore contrecarrer ma tentative de cerner cet encombrant aïeul.

> À Douai, j'ai pris pension chez une dame BAR, rue du Pont-à-l'Herbe. Je n'ignorais pas les sentiments communistes de cette personne et les accointances qu'elle avait pour ce parti. Je lui signalais d'ailleurs, toutes les fois que j'en avais connaissance, le nom des personnes qui étaient recherchées par la police, en raison de leurs opinions politiques.
>
> Deux ou trois mois après mon arrivée à Douai, j'ai été convoqué à la Kommandantur. J'en ai rendu compte à mon chef de service : le Commissaire DUVERNEUIL ; j'ai également avisé Madame BAR de la convocation qui m'avait été adressée.
>
> À la Kommandantur, j'ai été interrogé par un officier allemand, nommé MULLER, Conseiller d'Administration - paraissant avoir 40 ans, 1 m 70, tout rasé ; je crois qu'il portait des lunettes.
>
> MULLER me dit qu'il était en possession d'une note dans laquelle j'étais accusé de fréquenter les milieux communistes. Je protestai contre cette accusation et lui indiquai que j'étais inspecteur de police spéciale. Il me demande alors quel était mon dernier poste ; je lui narrai ma révocation par Vichy, mon passage à Paris et ma réintégration à Douai. MULLER me dit alors que cette ville était en zone interdite, que la tendance de la population était « rouge » et que sa situation était importante au point de vue militaire. En raison de ces considérations, il ajouta : « On ne veut plus de vous ici et vous retournerez d'où vous venez. »
>
> J'ai rendu compte à mon chef de service qui me dit connaître MULLER, lequel était chargé de faire

> la liaison entre l'administration française et la Kommandantur. Quelques jours après, mon chef de service m'a fait appeler dans son bureau. MULLER s'y trouvait déjà, pour une raison de service sans doute. Mr DUVERNEUIL lui dit en ma présence : « Je tiendrais à conserver FRATANI. » MULLER répondit que cela était impossible. DUVERNEUIL intervint alors, lui demandant de ne pas signaler la note qui faisait état de mes relations avec les communistes, car cela pourrait me créer de nouveaux ennuis avec Vichy. MULLER répondit « qu'il arrangerait cela ».

Dans cette archive, on voit bien que la police française rend des comptes à l'Allemagne nazie. Et que des accords entre individus sont possibles, même si leurs objectifs sont discordants. Faire oublier une note défavorable, qui va à l'encontre des luttes anticommunistes du régime de Vichy et du régime nazi[1] ? Aucun problème. Cet agent Muller aurait pu ne rien arranger du tout, il aurait pu enfoncer mon arrière-grand-père, le faire arrêter… Difficile de connaître ses motivations. Préserver la bonne entente entre la police française et la Gestapo ? Faire une simple faveur amicale ? L'Occupation est affaire de compromis et de chance. Suivant sur qui on tombe, tout le monde n'est pas mangé à la même sauce. Si la note est vraie, et si Pierre a bien fait passer des informations à des communistes, il aurait pu être déporté !

Nous en restons pour l'instant aux « si » et au conditionnel. Cette archive vient contredire ce que l'on sait, et surtout, contredire la note qui mentionne la recommandation de Boemelburg quant à son bon travail à Douai. Nous ne comprenons toujours pas comment ces deux informations sont liées.

1. L'Allemagne vient de rompre le pacte germano-soviétique avec l'opération Barbarossa, le 22 juin 1941, et l'invasion de l'URSS.

Ce que l'on sait désormais de façon certaine, c'est que les Allemands le font changer de service, quelques mois à peine après son arrivée à Douai. Avec l'aval de son administration, Pierre rejoint Paris, et Raymonde. Il intègre la police judiciaire en tant qu'inspecteur à la 1re brigade mobile de la Sûreté nationale. Pierre passe donc d'un service éminemment politique, les RG, à un service placé sous le contrôle de l'autorité judiciaire. Il est ainsi chargé d'enquêter, et d'arrêter tout suspect de crime ou de délit. Les classiques : vol, agression, meurtre. Les spécifiques de l'époque : trafic au marché noir, sabotage, diffusion de journaux gaullistes…

Gaëlle et moi avons du mal à nous y retrouver dans l'organigramme tentaculaire de la police. Les services et les acronymes sont démultipliés. Pétain crée notamment des services spécialisés dans la répression des Juifs, des communistes, des résistants, des francs-maçons, des réfractaires au STO[1]… On identifie par exemple la police aux questions juives, le service de police anticommuniste et les brigades spéciales de la préfecture de police de Paris. Ces services – auxquels Pierre n'a jamais appartenu – ont été les plus actifs dans la collaboration, même s'ils ne résument pas à eux seuls la collaboration de la police française. En tant qu'institution vichyste, la police tout entière a baigné dans la collaboration.

Un soir, toujours à la recherche d'informations, nous tombons sur un documentaire en accès libre sur le site de France Télévisions : *La Police de Vichy*, du réalisateur David Korn-Brzoza et de l'historien Laurent Joly. Armées d'un plaid et d'un carnet de notes, nous nous installons

1. Service du travail obligatoire, mis en place par la loi du 16 février 1943. Les jeunes Français pouvaient être réquisitionnés par l'État pour travailler en Allemagne.

confortablement pour le visionner. Depuis le début de cette enquête, nos soirées pyjama ont bien changé.

Le film, d'une heure et demie, nous cloue au canapé. À force d'essayer de comprendre le parcours individuel de Pierre, ses potentiels doutes, ses intentions, ses actes, on en a presque oublié la sombre réalité de la collaboration. Le film s'ouvre sur des images de policiers français faisant le salut nazi. On y découvre même une archive montrant des agents qui s'entraînent à lever correctement le bras. *Pierre était-il de ceux-là ?* L'image de mon arrière-grand-père saluant ce M. Muller, le bras tendu, me plonge dans un profond malaise.

Via une habile réalisation, le documentaire met en son et en images les paroles tenues devant les tribunaux de la Libération par les différents chefs de la police de Pétain[1]. Tous nient, se justifient ou tentent de minimiser leur responsabilité dans les massacres. En 1942, Pierre Pucheu, alors ministre de l'Intérieur, déclarait même devant la police parisienne : « Le maintien de l'ordre public, indispensable à la vie de la nation, doit être assuré par des mains françaises, des bras français, des têtes françaises. »

Lorsque la rafle du Vél' d'Hiv se profile, que les Allemands réclament 30 000 Juifs à la France, le président du Conseil, Pierre Laval, propose de leur livrer les enfants. Jusqu'à présent, seuls les hommes avaient été arrêtés. Laval fait semblant de croire que ces familles vont être déplacées à l'Est pour s'installer dans un « État juif » et y cultiver les terres. Le pasteur Marc Boegner, chef des protestants de France, cherche à lui faire entendre raison, sans succès : « Je lui parlais de massacre, il me répondait jardinage. »

1. Dans l'ordre : Adrien Marquet, Marcel Peyrouton, Pierre Pucheu, René Bousquet, Joseph Darnand…

Le générique défile sous nos yeux, cela fait un moment que j'ai lâché mon carnet de notes et mon stylo. Indépendamment de ses actes, Pierre a porté l'uniforme, il a salué les nazis, il a côtoyé les Allemands tous les jours… Était-il vraiment si différent de ces hommes en rang, au garde-à-vous devant le maréchal Pétain, par loyauté à l'État ou par obéissance ? Serrant un coussin contre ma poitrine, je glisse d'une voix blanche à Gaëlle cette évidence que j'avais commencé à perdre de vue :

— Il était au cœur du réacteur, membre du système répressif à part entière. Je comprends qu'il ait voulu réintégrer la police, mais une fois qu'il y était, quand il a vu la collaboration en face… Comment a-t-il pu rester ? Ça ne lui brûlait pas le ventre, de traîner au milieu des nazis et des collabos ?

— Et de devoir exécuter les ordres des fachos à la tête de la police ?

12

Paris, 1943. Le boulevard Voltaire est désert… Un jeune homme fluet, gavroche vissé sur la tête, regarde à droite et à gauche avant de s'engouffrer dans un immeuble. Il sifflote, l'air de rien, fait mine de sortir la clé d'une boîte aux lettres. Les notes qui s'échappent de ses lèvres pincées rebondissent en écho sur le sol carrelé du hall. Soudain, une porte s'entrouvre. Il se coule furtivement à l'intérieur. Un homme moustachu referme doucement. Il tient une bougie. D'un geste de la main, il lui indique de descendre le long escalier en pierre. Une odeur de cave envahit ses narines. La Résistance sent le renfermé, l'humidité. Arrivé en bas, le moustachu, toujours sans un mot, l'invite à le suivre dans un dédale de petits couloirs recouverts de terre battue. Il s'arrête devant une grande porte en bois, insère une clé dans la serrure, tourne, ouvre, s'avance. Une table, deux chaises, trois tabourets. Des journaux empilés dans un coin. Une machine à imprimer des tracts dans l'autre. Un fusil, posé contre un mur.

— Ici, on pourra parler.

Assise à mon bureau, le dossier de ma grand-mère ouvert devant moi, je rêvasse. Je me projette dans la Résistance comme dans un film d'action. Péripéties patriotiques et courage exemplaire. Une vision exaltante, mais biaisée. Et probablement éloignée de la réalité, même si j'ai du mal à me représenter celle-ci. J'imagine le danger, le besoin de discrétion, quelques actions concrètes – imprimer des journaux clandestins, faire exploser des rails de train… Mais à quoi ressemblait réellement la Résistance ?

Gaëlle et moi décidons de nous rendre au musée de la Libération de Paris. Situé sur la place Denfert-Rochereau, en face du lion et des catacombes, il abrite de nombreuses archives de l'Occupation et de la Libération, ainsi que le poste de commandement du colonel Henri Rol-Tanguy depuis lequel ce communiste, chef des Forces françaises de l'intérieur – les FFI – d'Île-de-France, a en partie dirigé la libération de la capitale.

Photos, objets divers, lettres manuscrites… Le musée raconte la Résistance dans ce qu'elle a à la fois d'anodin et de spectaculaire. Postée devant des tracts appelant les Parisiennes et les Parisiens à prendre les armes, je suis perplexe.

— Je n'arrive pas à imaginer Pierre au milieu de ces personnes.

— Moi non plus… me répond Gaëlle.

La grande histoire de la Résistance, héroïque, met en avant des personnes qui ont quitté le système pour le combattre de l'extérieur. Comme le général Leclerc, qui a piloté une unité armée[1]. Ou comme l'ancien préfet Jean Moulin qui, ayant refusé de collaborer avec l'occupant, a fondé le Conseil national de la Résistance après s'être enfui des geôles nazies. Mais il y a aussi beaucoup d'anonymes, de citoyens et de citoyennes qui ont agi à leur échelle pour cacher leurs voisins juifs, tracter sous le manteau, stocker des armes…

Xavière, la sœur de Pierre, était l'une de ces anonymes. Cette institutrice anticléricale, digne descendante des hussards de la République, était repartie vivre en Corse pendant la guerre. À Ajaccio, elle distribuait des tracts pour

1. Le général Philippe Leclerc de Hauteclocque a dirigé la 2e division blindée, la 2e DB. Il s'agit de la première unité qui entre dans Paris au moment de sa Libération.

la Résistance et cachait les armes de son voisin. Lorsque Pierre a découvert ce qu'elle avait fait pendant l'Occupation, il était hors de lui. D'après ma grand-mère, il aurait hurlé sur sa sœur, de vingt ans son aînée : « Tu te rends compte du risque que tu as pris ? » Elle aurait haussé les épaules, inconsciente ou indifférente. Si elle avait été découverte, elle aurait pourtant risqué gros : l'emprisonnement, la déportation, voire la mort.

Nous repartons un peu frustrées du musée, nourries de nouvelles images, mais incapables de les lier à mes arrière-grands-parents. Nous décidons de solliciter la conservatrice du musée pour obtenir quelques explications complémentaires. Gaëlle étant coincée au travail ce jour-là, c'est seule que je reviens place Denfert-Rochereau pour rencontrer Sylvie Zaidman. Comme avant chaque interview, j'ai le trac. Le personnel du musée m'accueille et me voilà conduite jusqu'au bureau de la conservatrice, qui a accepté de me consacrer un peu de temps dans sa matinée chargée.

— Nous pouvons nous asseoir ici, me dit-elle en désignant une table ronde.

Nous nous installons, j'allume mon enregistreur, et je me lance.

— Est-ce que vous pourriez me raconter comment la Résistance s'est organisée à Paris ?

— Alors, ce qu'il faut bien comprendre, c'est qu'on parle de *la* Résistance, alors qu'en réalité, on devrait parler au départ *des* résistants. Quand les Allemands entrent dans Paris le 14 juin 1940 au petit matin, il n'y a absolument personne pour les en empêcher. Les gens sont tellement sidérés, tellement déboussolés, désorientés… Ils ne comprennent pas cette invasion, qui les prend de court et les assomme.

— Donc, il y a d'abord un moment de choc avant que des personnes ne se mettent à se rebeller ?

— Oui, c'est au début de l'été 1940, face à cette armée et à cette administration allemandes qui s'installent un peu partout dans Paris, que des gens commencent finalement à se dire que cette situation est impossible, qu'elle n'est pas tenable.

Face à un danger, le cerveau se sature de stress pour nous préparer soit à nous défendre, soit à prendre la fuite. Quand la menace est trop importante, il arrive que ce stress bloque complètement notre cerveau. Nous sommes alors pétrifié·e·s, comme soudain absent·e·s d'une réalité qui nous paralyse. Je pense que, à la place des Parisiens et des Parisiennes qui, se penchant un matin de juin 1940 à leur fenêtre, ont vu défiler des Allemands dans la rue, j'aurais moi aussi été sidérée. Incapable de quoi que ce soit. Clouée par le choc et la peur.

Passé la sidération, les gens commencent à se parler, à tâter le terrain pour essayer de repérer qui dans leur entourage partage les mêmes opinions antiallemandes et antivichystes qu'eux. Se forment alors les premiers petits groupes de personnes qui se posent cette question : Qu'est-ce qu'on peut bien faire ? Face à un régime autoritaire, dans lequel les voix contestataires sont réprimées, et face à un occupant sanguinaire, que faire, à son échelle ? Une question d'autant plus écrasante que la plupart de ces personnes ne sont pas habituées à l'illégalité – puisqu'une nouvelle légalité règne désormais.

— Les premières actions dont on a aujourd'hui la trace, ce sont des petits écrits, des petits mots qu'on va se passer de main en main, qu'on va glisser dans une poche, qu'on va éventuellement mettre dans une boîte aux lettres, m'explique Sylvie Zaidman. Au musée, on en a récupéré plusieurs datant probablement de l'été ou de l'automne 1940.

Je ne pensais pas que la Résistance, organisation tentaculaire et si impressionnante, avait pu commencer aussi modestement.

Petit à petit, elle se structure autour de certaines actions concrètes : imprimer un journal, venir en aide aux soldats français qui ont réussi à échapper aux Allemands, fournir des faux papiers, cacher des Juifs, saboter des lignes de train… « Quand les arrestations ne les déciment pas », précise Sylvie Zaidman. Jusque-là, ces résistants n'ont jamais œuvré dans la clandestinité, ils n'en connaissent pas les rouages. Beaucoup manquent de discrétion, au début. Dans les grandes villes comme Paris, la délation va bon train. Pierre parlait souvent à ma grand-mère des concierges d'immeuble. D'après lui, ces employé·e·s avaient la fâcheuse tendance à dénoncer les habitants des immeubles à leur charge. Il s'en est méfié toute sa vie, allant jusqu'à faire adresser son courrier au bureau de son épouse plutôt qu'à son domicile.

Les réseaux et les mouvements de Résistance sont nombreux. Cent soixante-quatorze vont être homologués comme tel après 1945, avec des noms allant du plus descriptif au plus lyrique, en passant par l'énigmatique. « Loups de France », « Karouba », « Napoléon Vendée », « Libération nationale des PTT », « Douter c'est déjà trahir », « Bleu Jonquille »... et j'en passe.

L'agenda politique de ces organisations est varié, certaines sont de droite, parfois même très conservatrices, d'autres de gauche, d'autres encore sociales-démocrates. Toutes ont Vichy en horreur.

À l'école, dans les cours d'histoire, on nous présente souvent la France comme ayant été divisée entre collabos et résistants. Comme si tous les Français et Françaises avaient été soit l'un, soit l'autre. Marquée par mon histoire familiale, je lance souvent le sujet en soirée[1], en demandant à mes camarades s'ils savent ce que faisaient leurs grands-parents ou arrière-grands-parents pendant la guerre. Le plus souvent, on me répond par un haussement d'épaules et un petit « Oh... Ils étaient résistants, je crois... ». Désolée, les ami·e·s, mais non, tout le monde ne peut pas descendre de résistant·e·s.

— C'est vraiment minime, la Résistance. La majeure partie des Parisien·ne·s, leur problème, ça va être de parvenir à se nourrir correctement, d'arriver à se chauffer, parce que les conditions vont se dégrader considérablement, détaille Sylvie Zaidman.

1. J'ai conscience que ma conception de l'amusement n'est pas universelle, mais j'aime les histoires de famille, que voulez-vous.

La faim le tient par le ventre. Son rapport terminé, Pierre se lève de son bureau, attrape son manteau et son fédora. Il prend son paquet et allume une cigarette avant de se diriger vers la sortie.

Soudain, un homme entre dans le commissariat. Il transpire, il a couru jusqu'ici. Le policier chargé de l'accueil est occupé par un civil paniqué qui lui tient la jambe. Le nouvel arrivant lance un regard désespéré à Pierre. Avec un soupir, Pierre pose son chapeau sur le comptoir de l'accueil, réprimant un juron entre ses dents. D'un signe de la main, il indique à l'homme hors d'haleine de le rejoindre.

— Monsieur ! J'ai été témoin d'un crime scandaleux !

Pierre regarde autour de lui. Le type parle fort, les autres se sont retournés pour les regarder. Pierre l'invite donc à le suivre dans une salle d'interrogatoire. « Nous serons plus tranquilles. » L'homme le suit volontiers, content de pouvoir s'asseoir. Pierre lui propose même un peu d'eau et une cigarette. Une vraie, avec du tabac. L'homme est ravi.

Il se désigne comme concierge. Il travaille dans un immeuble à une vingtaine de minutes à pied de là. L'un des habitants, le pâtissier Roger Bonnet, cache des armes dans sa cave.

Pierre, qui prenait des notes dans un petit carnet, s'arrête quelques secondes. Il tire sur sa cigarette une dernière fois avant d'écraser le mégot dans le cendrier devant lui. Il demande des précisions sur le lieu : l'adresse, l'étage. Les voisins sont-ils au courant ?

— J'ai fait un tel boucan en sortant, j'en suis certain, explique le concierge, tout sourire.

Pierre hoche la tête. Il s'oblige à garder un visage calme, professionnel. Il voudrait plutôt enfoncer son poing dans le visage de ce délateur. *Quelle honte ! Faire le travail des nazis à leur place !* Deux ans que Vichy existe, Pierre ne veut pas s'habituer.

Il remercie l'homme de sa venue, le rassure quant au patriotisme de son acte. Le concierge lui propose de l'emmener jusqu'aux lieux du délit.

— Je ne peux pas vous suivre pour l'instant, j'ai du travail. Mais soyez sûr que je passerai.

Le concierge prévient Pierre de ses horaires. Il gère plusieurs immeubles, voyez-vous. Pierre en prend note. L'homme sort du commissariat enorgueilli par son geste héroïque.

Pierre souffle et s'allume une autre cigarette.

— Il voulait quoi ? demande son collègue, enfin libéré.

— Oh, il a cru voir des hommes armés entrer dans l'immeuble en face du sien. J'irai jeter un œil tout à l'heure, après le déjeuner. Mais honnêtement, son haleine puait l'alcool, je ne pense pas qu'il ait été capable de discerner quoi que ce soit de si loin.

Le policier ricane, Pierre tire sur sa cigarette. Son carnet est bien rangé au fond de sa poche.

Il retourne à son bureau quelques minutes. Les locaux sont presque vides, la plupart de ses collègues sont partis manger. Il en profite pour déchirer les pages de son carnet et les glisser dans sa poche. Sur de nouvelles feuilles, il recopie l'identité du délateur et ajoute des détails. *Haleine qui sent l'alcool. Discours erratique. A vu des individus armés s'enfoncer dans l'immeuble d'en face.* Il fait bien attention d'écrire peu soigneusement, comme il l'aurait fait pendant une déposition. Il laisse ensuite son carnet en évidence sur son bureau et part manger.

Quand vient le début de soirée, après s'être assuré que le concierge a quitté les lieux, Pierre se poste devant la porte de l'immeuble. Il attend. Au bout de quelques minutes, un homme d'une quarantaine d'années arrive, prêt à s'engouffrer dans le bâtiment. Il fronce les sourcils en voyant Pierre adossé contre la façade. Lui le salue d'un lever de chapeau.

— Je viens voir un ami, lui assure Pierre avec un grand sourire.

L'homme hausse les épaules en lui tenant la porte. Il monte l'escalier rapidement, avant de disparaître dans son appartement. Pierre prend quelques instants pour repérer les lieux : les boîtes aux lettres, la porte en bois close menant sûrement à la cave, l'escalier devant lui.

L'inspecteur sort les feuilles volantes de sa poche et relit ses notes. Suivant les instructions données par le concierge, il arrive devant un appartement et toque. Un grand homme, un peu bedonnant, ouvre.

— Roger Bonnet ?

— Oui ?

Pierre prend son portefeuille et lui montre son identité. Police. Roger Bonnet écarquille les yeux.

— Je suis un ami, le rassure Pierre.

Il écarte les pans de son manteau. Il n'est pas armé. Pas de menottes non plus. Roger Bonnet, sous le choc, s'écarte légèrement pour le laisser entrer dans le petit appartement.

— Qui est-ce, chéri ?

La voix vient d'un peu plus loin. L'homme tressaille.

— Je peux m'asseoir ? demande Pierre calmement.

Bonnet hoche la tête mais reste debout, ne sachant plus quoi faire de son grand corps. Il devait se douter que ce moment pouvait arriver.

— Votre concierge est venu ce matin au commissariat. Il a trouvé des armes dans votre cave.

L'épouse de Bonnet fait irruption, s'essuyant les mains sur son tablier. Elle a tout entendu. Blême, elle se poste à côté de son mari. Tous deux restent muets. Pierre voit la peur dans leurs yeux.

— C'est à moi qu'il a fait sa déposition.

Le policier cherche dans sa poche les feuilles déchirées de son carnet.

— Il n'y a pas d'autre écrit sur vous, je peux vous l'assurer. Dans mon carnet, visible par mes collègues, j'ai raconté totalement autre chose.

Les époux se détendent un peu et prennent place autour de la table, devant Pierre.

— Il y a deux engins explosifs, confirme Roger.

— Vous devriez les faire disparaître. Toute indiscrétion pourrait provoquer une opération de police. Ce concierge doit vous avoir à l'œil, maintenant. Qui sait à qui il pourrait vous dénoncer…

L'idée que des policiers zélés puissent se saisir de l'affaire a l'air d'effrayer particulièrement les époux Bonnet.

— Et nos voisins ? s'enquiert Roger.

— Je m'en occupe.

Pierre se lève et serre la main de Roger Bonnet. Il salue sa femme d'un hochement de tête, son fédora contre la poitrine. Il s'en coiffe avant de repartir.

Il commence par toquer à la première porte à droite. Une femme âgée ouvre. Il s'assure d'abord qu'elle a bien entendu parler de l'affaire. Rien ne sert de l'ébruiter inutilement. Elle confirme.

— Et comment ! Il hurlait si fort.

Pierre, qui prend soin de ne donner aucune information sur son identité, lui demande de garder le silence. « Un si joli couple, madame, vous en conviendrez ? Rien ne sert d'en parler. Une broutille. Une erreur de jeunesse. » Son sourire charmeur rend son argumentaire bien convaincant.

D'appartement en appartement, Pierre demande à tous les voisins qui ont entendu parler des engins explosifs de ne rien dire. Sous les yeux médusés de Roger Bonnet.

11 août 1944

La société Véhicules et tracteurs électriques Vétra se trouve au 173, boulevard Haussmann. Pierre y découvre une belle devanture en pierre grise. Riche, bien entretenue. Un quartier bourgeois.

Il entre. La réception fait face à la porte à tambour. La jeune femme assise s'apprêtait à partir, semble-t-il. Il est bientôt 18 heures.

— J'aimerais voir le chef du personnel, demande Pierre, qui, cette fois encore, veille à ne pas se présenter.

Après un coup de fil rapide, la jeune femme l'invite à se diriger vers un bureau, à l'étage. Suivant ses indications, Pierre arrive devant une porte en bois. Il toque.

— Entrez !

Une voix féminine. Pierre ouvre et pénètre dans la pièce, plutôt petite. Une fenêtre ouverte en face éclaire encore bien le bureau. Un petit vent chaud circule. Une jeune femme vient à sa rencontre et lui serre la main. Elle l'invite à s'asseoir devant le bureau.

— Vous devrez m'excuser, le chef du personnel est en vacances, c'est moi qui le remplace.

Pierre la remercie de le recevoir si tard dans la journée. Elle a sûrement mieux à faire.

— Je cherche des renseignements sur Mlle Carmen Darms. D'après mes informations, elle est la secrétaire du chef du personnel.

Son interlocutrice se redresse et croise les jambes, soudain mal à l'aise.

— Quel genre de renseignements ? Il se trouve précisément que je suis Carmen Darms.

Pierre n'est pas très étonné. Un sourire franc se dessine sur son visage.

— Je suis heureux d'être tombé sur vous ! Je m'appelle Pierre Fratani. Je suis inspecteur de police à la Sûreté nationale.

Carmen fronce les sourcils. Soudain méfiante, elle semble décidée à le laisser parler.

— Je suis chargé d'enquêter sur votre compte.

La jeune femme a l'air de plus en plus nerveuse. Elle joint les mains devant elle, comme pour garder contenance.

— Vous avez été dénoncée à la Milice comme étant communiste, juive et étrangère.

Pierre fait un geste vers la poche intérieure de sa veste et Carmen se raidit. Mais il n'a pas d'arme. Il sort un papier, qu'il lui tend. La secrétaire le saisit lentement, sans le quitter des yeux. Le papier décrit qui elle est, reprenant les mots de Pierre : « communiste, juive et étrangère ». Et surtout, elle « proférerait des paroles injurieuses contre des personnes orthodoxes ».

— Je suis d'abord allé à votre domicile, mais la concierge m'a indiqué que vous n'y étiez pas.

— Vous êtes monté ? s'enquiert Carmen.

Elle a l'air maintenant tout à fait paniquée. L'apparente désinvolture de Pierre ne peut que l'alerter. Il sait. Elle en est certaine. Il a arrêté les deux résistants qu'elle loge.

— Non, je lui ai juste demandé des renseignements.

Carmen prend quelques secondes pour intégrer la nouvelle. Tout le monde est en sécurité. Elle se détend un peu et pose son visage sur sa main dans une vaine tentative de cacher son émotion.

— Détruisez tous les papiers compromettants, ici comme chez vous. Je vais rendre une enquête favorable, mais on n'est pas à l'abri que la Milice face une contre-enquête.

Pierre continue de sourire. Les larmes coulent le long des joues de Carmen. Elle souffle un « merci » à peine audible.

Mon arrière-grand-père fait fuiter des informations, capoter des enquêtes, prévenir des résistants qu'ils vont bientôt être perquisitionnés…

- France Chambon, professeure au lycée Victor-Duruy, à Paris.
- M. Tayart, entrepreneur des travaux publics, à Cachan.
- Dr Jacquelin, médecin des hôpitaux, chef de service à Necker, officier de la Légion d'honneur.
- Dr Janet, médecin des hôpitaux, à Paris.
- Dr Huet, membre de l'Institut du cancer, à Paris.
- Eugène Valentin, secrétaire du syndicat de la commission exécutive du bâtiment de la région parisienne, membre actif de la Résistance de l'union des syndicats de la région parisienne, responsable de la question syndicale et des milices patriotiques, membre du Parti communiste, responsable durant l'Occupation de la distribution des tracts.
- MM. et Mmes Benevot, Silly, Genty, Roher, Bruyant, Brou, Bouland, etc., ouvriers et employés, dénoncés aux Allemands et au RNP[1] comme communistes, à Paris.
- Gaston Maumy, dit « Turpeaud », chef de bureau au ravitaillement général à Paris, commandant militaire de l'inter 6 bis, sous le contrôle de la CGT depuis le mois de mai 1943, administrateur délégué à la direction départementale de la Seine des gardes civiques pendant l'insurrection.

1. Rassemblement national populaire, mouvement collaborationniste créé en 1941 à Paris par Marcel Déat, Jean Goy et les dirigeants du Mouvement social révolutionnaire, Eugène Deloncle et Jean Fontenoy.

- Julien André Kreichgauer, ingénieur-conseil et industriel, époux d'une Juive et accueillant des Juifs recherchés chez eux, à Paris.
- Carmen Darms, désormais Scheers, comptable à la société Vétra.
- M. Cossonnet, négociant à Asnières.
- Roger Bonnet, pâtissier, déporté en Allemagne.
- Marie-Jeanne Perdrizet, fille d'un déporté politique accusé d'actes de Résistance.
- Fanny Chevreau, en lien avec des Israélites recherchés.
- M. Lambert Ribot, maître des requêtes honoraires au Conseil d'État, commandeur de la Légion d'honneur, président du comité des forges, à Paris.
- Jean Joseph Hamon, machiniste fonctionnaire révoqué par Vichy pour activité et propagande antiallemande, militant gaulliste et résistant syndicaliste.
- François Bartoli, dit Antoine, membre du groupe de Résistance Secteur Sud (sous le colonel Brechat), réfractaire au STO.
- Henri Colonna, membre du groupe FFI Bastille.
- Charles Tayart, ingénieur des travaux publics à Cachan.
- M. Lambert-Ribot, aidant des personnes à passer clandestinement en Espagne.
- Mme Molina, voisine des Fratani, juive, mère d'un déporté.
- Jean Mattei, chef de district au ravitaillement général, travaillant dans la clandestinité.

Au fil de nos recherches, la liste des seize témoignages s'est étoffée. Ces personnes, qu'il a aidées, ont témoigné en sa faveur par la suite. Pour autant, aucune trace de réseau ou de mouvement qu'il aurait rejoint. Après un an de recherches, Gaëlle et moi arrivons à la conclusion que Pierre agissait seul, en électron libre. Mais ces actions éparses lui donnent-elles un « statut » de résistant ?

J'ai profité de mon entrevue avec Sylvie Zaidman pour lui poser directement la question. Selon elle, il est compliqué de définir exactement où commence la Résistance. « Pour moi, c'est à partir du moment où l'on accepte de mettre sa vie en jeu. La Résistance, c'est un engagement total : il n'y a pas de retour en arrière possible. » Comment qualifier alors les actions des policiers qui, comme Pierre, font fuiter des informations, préviennent des perquisitions prévues ? « Je les appellerais comme ça : des actes de solidarité. »

Je suis presque vexée de cette réponse. Je n'arrive toujours pas à me positionner en dehors d'une vision binaire. Soit on est résistant, soit on est collabo. Mais comment peut-on faire des actes de résistance sans être résistant ? N'est-ce pas un peu réducteur de n'envisager la Résistance que sous le prisme du réseau ou du mouvement ? Est-ce que, ainsi, on n'éliminerait pas de la Résistance toutes les personnes qui ont fait ce qu'elles ont pu, malgré la peur et le danger ?

Après tout, faire partie d'un réseau, c'est risquer d'être pris dans des échanges de coups de feu, d'être dénoncé par ses voisins ou par quelqu'un à qui l'on a fait confiance à tort, d'être perquisitionné, arrêté, torturé, déporté. Et c'est un risque que l'on ne prend pas que pour soi. S'exposer ainsi à la mort, c'est faire courir à ses enfants le risque de devenir orphelins.

Quand je revois Gaëlle quelques jours plus tard, je lui raconte tout, surtout ma frustration.

— J'ai maintenant une vision plus nuancée de la Résistance, mais en même temps… Chacun a fait comme il a pu, non ?

Gaëlle souffle bruyamment. Elle est installée confortablement dans le fauteuil de mon salon.

— Résister, ça demande du courage, mais aussi du temps, des contacts, et même de l'argent. Quand tu as des gamins à nourrir… Je comprends qu'on y réfléchisse à deux fois avant de s'engager dans un réseau.

— C'est clair… Et ça ne veut pas dire qu'il faut minimiser ces actes de solidarité, si certaines et certains en ont fait preuve.

Résistant, d'un côté. Collabo, de l'autre. Et au milieu ? Ceux qui ne dénoncent pas. Ceux qui hébergent peut-être un résistant, une nuit durant, sans pour autant s'engager dans la lutte contre l'envahisseur. Ou qui ferment les yeux sur les actions de leurs voisins. Ils n'ont pas de catégorie. Ils sont seulement considérés comme spectateurs passifs – ou presque. Comme des personnes qui ont tout subi sans broncher. Cela ne peut pas être aussi simple. Où se situe la frontière entre l'action et la passivité complice face à un pouvoir autoritaire, ou qui flirte avec l'autoritarisme ? À partir de quand en faisons-nous assez ?

Notre époque actuelle m'aide à y voir un peu plus clair. Aujourd'hui, ils sont des millions à éprouver ces limites, dans des contextes différents. Nous sommes nombreux·ses à nous poser la question de notre impuissance, notamment politique. Manifester suffit-il ? Peut-on se fier aux stories Instagram des un·e·s et des autres pour juger de leurs engagements ? Faut-il forcément jeter la pierre aux abstentionnistes quand le match politique paraît joué d'avance ? Peut-on attendre d'une mère célibataire qui jongle avec trois boulots qu'elle prenne en plus le temps de vous exposer ses vues sur le conflit au Proche-Orient ?

Sur les réseaux sociaux, outils indispensables des militantismes contemporains, les injonctions pleuvent. Si vous ne vous exprimez pas rapidement sur tel événement, certain·e·s n'hésitent pas à remettre en question vos valeurs, vos principes, vos actes. On s'inquiète d'en faire assez, parfaitement, tout le temps, dans une quête perpétuelle et épuisante. Heureusement, des voix s'élèvent contre cette obsession de la « pureté militante ».

L'inaction totale est probablement une forme de complicité, mais il est important de reconnaître que chacun·e ne peut pas s'engager de la même manière. Pour s'exprimer, il faut en avoir les capacités, physiques, psychiques, économiques... C'est une discussion que nous avons régulièrement, avec mes proches. Gaëlle, par exemple, a peur des foules. Si elle ne sort pas manifester, c'est tout simplement parce qu'elle ne le peut pas. Pourtant, cela lui a déjà valu des remarques de la part de certain·e·s, qui considèrent que c'est le signe d'une dépolitisation coupable.

Il y a quelques années, j'ai participé à un mouvement de désobéissance civile. Nous avons réalisé plusieurs actions en région parisienne. Avant de prendre part à quoi que ce soit, il a fallu se former aux principes de la désobéissance civile, aux différents rôles que l'on pourrait tenir au cours de l'action. L'une des premières choses que les organisateur·ice·s nous ont demandée, c'est : « Quel risque êtes-vous prêt·e·s à prendre ? » Comprendre : Êtes-vous prêt·e·s à aller en garde à vue et à répondre de vos actes devant la justice ? Il n'y a pas de mauvaise réponse : chaque rôle est important et sert le collectif. Et il est tout à fait légitime de ne pas pouvoir s'exposer à un trop grand risque. Pour ma part, au sein de ce collectif, j'ai toujours choisi l'un des rôles les moins risqués, celui de « médiactiviste », qui consiste à documenter l'action par des photos, des vidéos destinées aux réseaux sociaux. J'aurais voulu en faire plus, avoir le courage de me mouiller mais, à cette époque, je ne m'en sentais pas capable. Je me sentais même honteuse de mes limites. Je me jugeais moi-même, comme je juge encore le parcours de mon arrière-grand-père. Ma petite contribution à l'action avait pourtant son importance, j'y avais consacré du temps, de l'énergie, j'avais mis mes convictions dans la force d'un collectif. Ça n'était pas rien.

La désobéissance civile comme action politique permet de sortir de la logique individualiste, tout en réfléchissant à l'action individuelle. Le « Est-ce que j'en fais assez ? » devient : « Comment agir ensemble ? » Essentiel aujourd'hui en matière d'écologie, par exemple. Il ne s'agit pas de trier ses déchets, de faire son compost et de voter aux législatives, mais bien de s'associer à d'autres pour tenter de déstabiliser les écocidaires. D'imposer le débat quand l'exécutif ignore le sujet.

Malgré mes doutes quant à l'engagement de mon arrière-grand-père, si je regarde les témoignages en faveur de Pierre, je suis bien obligée de l'admettre : ses actes de solidarité d'apparence simple ont fait la différence pour les personnes concernées. C'est frappant dans le cas de France Chambon, qui avait en sa possession une liste de cinq cents résistants. Si Pierre ne l'avait pas prévenue qu'une perquisition allait être organisée chez elle, les conséquences auraient été dévastatrices.

À mes yeux, cela ne règle cependant pas la question du « assez ». Et si cela n'avait pas été assez ? N'oublions pas la note mentionnant la recommandation de Boemelburg. Et l'arrestation de Lagarrigue. Ce n'est pas parce que mon arrière-grand-père a bien agi en certaines circonstances qu'il n'a pas été complice à d'autres moments.

Saboter ponctuellement de l'intérieur, c'est faire acte d'une solidarité louable, mais peu quantifiable, peu visible. Pour les policiers, cela reste particulièrement dangereux. On se trouve dans le cœur du réacteur, entouré d'ennemis en permanence. Le moindre faux pas, le moindre soupçon peut vous être fatal. Sachant que les fameux RG ont aussi des collègues dans leur viseur. Impossible, pour les policiers, de prendre trop de risques.

Notamment parce que, pour gonfler les rangs, Vichy et la Gestapo ont recruté des criminels, comme nous l'a expliqué Jean-Marc Berlière : « Des tueurs et autres se mettent au service des Allemands, arrêtent des résistants, des parachutistes, et les torturent – ce que les Allemands préfèrent ne pas faire eux-mêmes. Et on leur donne un grade, un uniforme. Ils viennent parader dans les commissariats et se servent dans les fichiers. Vous imaginez ! Les policiers baissent la tête parce qu'ils savent que ces gens-là ont pratiquement le droit de vie et de mort sur eux. »

Pierre Loutrel, appelé « Pierrot le Fou », en est un exemple notable. Malgré ce surnom sympathique, Pierrot n'a rien d'un ami disposé à nous prêter sa plume. En 1943, alors qu'il est membre de la Gestapo française, il kidnappe un commissaire, Ricordeau, l'emmène dans le bois de Clamart, lui roule dessus plusieurs fois avant de lui tirer une balle dans la tête et de le laisser pour mort. Par miracle, Ricordeau survit. Une enquête est ouverte.

« Les policiers travaillent sur des délits ou des crimes commis par des malfrats protégés par les Allemands. S'ils avancent dans leur enquête, s'ils trouvent et mettent en lumière les vrais coupables, ils se mettent eux-mêmes en danger », analyse l'historien.

Face à ces difficultés, certains policiers, comme mon aïeul, agissent quand une opportunité s'offre à eux. « Chaque fois qu'ils pouvaient, ils sabotaient les perquisitions, prévenaient les gens, coulaient les affaires – comme on disait dans l'argot policier de l'époque. » D'autres, plus rares, font partie de réseaux. Nos recherches nous amènent notamment à découvrir le réseau Ajax, monté par le commissaire Achille Peretti, qui se spécialise dans le contre-espionnage et la fuite d'informations stratégiques vers la France libre.

Combien de policiers ont résisté ? Combien de réseaux ou mouvements de Résistance étaient actifs dans la police ? Malheureusement, les sources scientifiques manquent sur ce sujet. Une chose est sûre, du fait d'une culture professionnelle marquée par l'obéissance, les policiers résistants étaient minoritaires.

Le 18 juillet 1942, le chef du service des étrangers de la police de Nancy, Édouard Vigneron, apprend qu'une rafle de Juifs étrangers va avoir lieu le lendemain, à l'aube. Quatre cents personnes ont été recensées par son service, toutes vont être arrêtées le lendemain. Avec ses collègues, il fait prévenir chacune d'entre elles. Trois cent cinquante vont ainsi pouvoir s'échapper à temps. Un mois après, Édouard Vigneron est arrêté par la Gestapo pour avoir aidé des Juifs à passer en zone libre en établissant des papiers d'identité sans le tampon « juif ». Il passe trois mois en prison avant d'être mis à la retraite. Il réintégrera la police en décembre 1944, à la Libération. Il fait partie de la liste des « Justes parmi les Nations » établie par Yad Vashem.

Même chose pour le Vél' d'Hiv. Nombreux sont les agents de la préfecture de police à avoir fait prévenir des familles juives de la rafle, la veille ou quelques heures avant de devoir officiellement les arrêter. Les Allemands voulaient 30 000 Juifs. Ce sont 13 152 personnes qui ont été finalement arrêtées.

Pour les policiers désobéissants ou résistants, la discrétion est évidemment de mise : il ne faut pas que leurs collègues zélés les suspectent. Les informations auxquelles les policiers ont accès sont précieuses, il est essentiel que les sympathisants de la Résistance conservent leur poste.

Malheureusement, ne pas se faire repérer demande d'être crédible, de donner le change et, parfois, de se compromettre. Par exemple en assistant, voire en participant à des interrogatoires où les témoins sont torturés : si un résistant lâche des noms sous la torture, le réseau doit être mis au courant le plus vite possible.

Les policiers opposés à Vichy et aux Allemands se retrouvent dans une ambiguïté intenable. Participant en même temps à la répression et à la Résistance. Or, quand arrive l'heure de la Libération et que suit celle de l'épuration et des comptes à rendre, comment faire entendre sa situation personnelle ? Les vies sauvées contrebalancent-elles les compromissions ? Des actes ponctuels, épars, sont-ils suffisants pour s'exonérer de la participation à un système répressif ?

J'ai beau savoir que mon arrière-grand-père a aidé de nombreuses personnes, l'arrestation du résistant Louis Lagarrigue me laisse un goût amer. Comme une culpabilité ineffaçable. Plusieurs fois, j'ai tapé son nom sur Internet, à la recherche de ses descendants, en me disant que, s'il n'avait pas eu la chance de revenir des camps, toutes ces personnes ne seraient pas nées.

Et mon arrière-grand-père en aurait été responsable.

13

De toit en toit, je cours, je saute, je bondis. Je vole, presque. Je me sens légère, portée par le vent, l'adrénaline et la terreur. Mais, il faut fuir encore plus vite. Leur échapper à tout prix. Je dérape le long de tuiles rouges, je les sens défiler comme de petites marches d'escalier sous mes pieds, pour mieux m'élancer jusqu'à la gouttière de l'immeuble suivant. Je me hisse à la force de mes bras, repars de plus belle. L'air me fouette le visage. Du coin de l'œil, je vois près de moi mes frères avancer, deux éclairs zébrant le ciel bleu de la capitale. La ville s'étend à perte de vue, nous trouverons bien un refuge quelque part. Je suis presque confiante. Oui, nous sommes pourchassés, mais nous nous en sortirons. La Résistance vaincra toujours.

Soudain, je m'arrête net dans ma course, oscillant près du vide. Les bâtiments sont de plus en plus bas, de moins en moins nombreux. Je croyais la ville sans limites. Mes frères et moi sommes perchés sur son dernier toit. Équilibristes sur le fil de nos vies.

Un champ de blé apparaît sous mes yeux, une mer d'or, à perte de vue. À quelques encablures, une cabane en bois, miteuse.

— Dépêchez-vous, c'est notre dernier espoir, crie mon frère aîné.

Le danger brûle mon dos. Nous sautons, glissons le long du mur, atteignons le sol, courons aussi vite que nous pouvons. Les épis m'arrivent au-dessus de la poitrine, me fouettent le visage, me griffent les jambes. Loin d'être accueillant, le champ nous entoure maintenant de son aura menaçante, presque traîtresse.

Le ciel s'assombrit, le jaune des blés se ternit. Des hélicoptères nous surplombent, le bruit saccadé de leurs pales hurle la fin. Elles font osciller les blés qui nous révèlent, nous débusquent. Des militaires descendent, tenus par des câbles, d'autres surgissent de l'ombre et avancent en ligne vers nous. Le son de leurs bottes me terrorise autant qu'il me fait enrager. Debout entre mes frères, je ne respire plus. Nous allons être arrêtés, c'est sûr. Les hommes en brun au brassard rouge arrivent devant nous, arme au poing. Leur visage n'est qu'un rideau de peau lisse. Défigurés par leurs fonctions et leur manque d'individualité, ils n'ont ni bouche, ni yeux, ni nez. Ils sont pourtant familiers : jadis, ils étaient mes pairs.

J'essaie de me concentrer sur la présence de mes frères. Tant que nous serons tous les trois, tout ira bien, il ne pourra rien nous arriver. *Le chef des militaires brise le rang et s'avance vers nous. Mon grand frère s'approche à son tour, les mains en l'air, prêt à dire des mots d'apaisement, ou à gagner du temps. Sa bouche s'entrouvre.*

Et le sans-visage tire.

Vite.

Si vite.

Mon frère s'écroule.

Les blés se tachent de son sang.

Déjà, il n'est plus là.

Je me réveille en sanglots. Simon est mort. Une partie de ma poitrine vient de m'être arrachée. Je ne comprends pas où je suis. Je ne sens que les larmes sur mes joues, que ce hurlement coincé dans ma gorge. Mes poings se serrent sur mon drap. Tout va bien, je suis dans mon lit. Simon n'est pas mort. Tout va bien. Ce n'était qu'un mauvais rêve. Je prends une grande inspiration, encore un peu hachée, et sens mes muscles se décontracter lentement.

Petit à petit, je reprends mes esprits. Le soleil se glisse par les rainures du volet. Il fait chaud. J'entends des voix familières dans le jardin.

Tout va bien.

C'est l'été.

Je suis en Corse, dans la maison que ma grand-mère a héritée de Pierre. Mon cœur, qui battait la chamade, a retrouvé un rythme presque normal. Je finis par me lever pour rejoindre le reste de la famille.

Une tasse de café entre les mains, les jambes étendues sous un rayon soleil, je n'arrive pas à me mêler aux conversations qui fusent autour de la table du petit déjeuner. Tentant de me raccrocher à la réalité, je regarde les lauriers-roses qui entourent la maison, le champ en contrebas, les voitures qui passent le long de la petite route. L'effroi ne m'a pas tout à fait quittée.

Toute la journée, je repense à ce rêve. J'envoie même un message à mon frère, juste au cas où. Évidemment, il va bien : il n'a pas été abattu par des miliciens pendant la nuit.

Plus je cogite, plus je me rends compte que ce cauchemar n'est que l'héritier d'une longue lignée de pensées et de fantasmes plus ou moins inconscients, sûrement attisés cette nuit par l'aura de Pierre, encore bien présente dans cette maison qui a été sa dernière. Depuis l'enfance, mes rêves ont le même schéma : je vis dans une dictature, je fais partie d'un réseau de Résistance, je dois fuir les autorités fascistes, je me fais arrêter.

Je remonte la trace de ces rêves jusqu'à mes huit ou neuf ans, quand j'ai découvert la Shoah. Ce rêve-ci n'était cependant pas tout à fait comme les autres. Plus réaliste, peut-être. Même si je suis bien incapable de faire du parkour dans Paris, j'ai vraiment senti le danger, le frôlement d'un désastre imminent, l'indicible douleur de la mort. Après des mois à enquêter sur mon arrière-grand-père, mes rêves deviennent palpables. Comme si le souffle du fascisme se faisait de plus en plus présent sur nos nuques.

Il y a une question que mes grands-parents se sont toujours posée à voix haute : qu'est-ce qu'on aurait fait à la place de nos parents ? Je me la pose aussi. Qu'est-ce que j'aurais fait, moi, à la place de toutes ces personnes qui, du jour au lendemain, se sont réveillées gouvernées par Pétain ? N'ont-elles pas vu la montée de l'autoritarisme en Europe avant guerre, l'Italie de Mussolini, l'Allemagne d'Hitler ? N'ont-elles pas compris que cette vague pouvait aussi les emporter ?

Au fil des mois, des années, cette question s'est transformée, jusqu'à s'imposer à moi, plus concrète que jamais. Non plus : qu'est-ce que *j'aurais fait* dans le passé de mes ancêtres, mais bien : qu'est-ce que *je ferai* ? La banalisation des idées d'extrême droite en France, la xénophobie, l'islamophobie, la transphobie, l'antisémitisme… Ces haines couvent toujours dans le cœur d'une partie de mes concitoyens et concitoyennes. Pour preuve : le Rassemblement national, parti fondé par d'anciens SS, n'a jamais eu de scores si haut aux élections. Depuis les législatives de juillet 2024, on compte 126 député·e·s RN à l'Assemblée nationale, soit 21,8 % de l'hémicycle. De grands médias utilisent la rhétorique d'extrême droite sans se poser de questions, préférant relancer les débats stériles sur le burkini dans les piscines municipales ou la transidentité des mineurs plutôt que d'enquêter sur la corruption des pouvoirs publics ou d'informer sur l'ampleur du dérèglement climatique. Pourquoi rapporter des faits, quand il suffit de mettre en avant les opinions, de monter en épingle de faux débats, d'attiser la peur et la xénophobie pour faire de l'audience ? C'est la recette de CNews, comme celle de BFMTV. Après le premier tour qui a placé l'extrême droite en tête, une rédactrice en chef de BFMTV (répondant aux consignes du directeur de la chaîne) a fait circuler au sein de ses équipes une liste d'éditorialistes de « droite et droite + » à inviter. Comme s'il n'y en avait pas déjà assez. L'heure est à la banalisation des idées réactionnaires, incarnées par des éditorialistes fumeux qu'il devient acceptable d'inviter à longueur de journée sur les plateaux télé.

Les médias se font l'écho d'une banalisation réactionnaire bien plus profonde. Pendant l'entre-deux-tours, le secrétaire général du principal syndicat de policiers, Alliance, a assumé auprès de Mediapart sa proximité idéologique avec l'extrême droite. Pas de faux-semblants dans ses réponses : « Marre des raclures, des nuisibles, des jeunes d'origine étrangère dans les quartiers populaires [...] qui font chier et qui ne sont jamais sanctionnés[1]. » Un an plus tôt, les émeutes causées par la mort de Nahel, dix-sept ans, abattu par un policier, avaient fait dire à Alliance et à l'UNSA Police ces mots glaçants, partagés dans un communiqué :

Face à ces hordes de sauvages, demander le calme ne suffit plus, il faut l'imposer !

1. Pascale Pascariello, « "Marre des raclures, des nuisibles, des jeunes d'origine étrangère" : le patron d'Alliance Police assume sa proximité avec le RN », Mediapart, 4 juillet 2024.

Rétablir l'ordre républicain et mettre les interpellés hors d'état de nuire doivent être les seuls signaux politiques à donner.

[...]

L'heure n'est pas à l'action syndicale mais au combat contre ces « nuisibles ». Se soumettre, capituler et leur faire plaisir en déposant les armes ne sont pas les solutions au regard de la gravité de la situation.

Tous les moyens doivent être mis en place pour réinstaurer au plus vite l'État de droit.

Une fois rétabli, nous savons déjà que nous revivrons cette chienlit que nous subissons depuis des décennies.

[...]

Aujourd'hui, les Policiers sont au combat car nous sommes en guerre.

Demain nous serons en résistance et le Gouvernement devra en prendre conscience.

Déjà immergée dans cette enquête, je me souviens de mon effarement à la lecture de ce brûlot. Comme un vertige. *Ils ne se cachent même plus.* Et ils osent reprendre la figure du « résistant » pour justifier leur vendetta xénophobe. Le collabo et le résistant, ces deux figures qui nous hantent, comme amalgamées dans l'horreur. Se rendent-ils compte de leur cynisme ? Trop aveuglés par leur haine et la guerre qu'ils souhaitent mener, pensent-ils vraiment pouvoir s'approprier ce symbole ? Ceux qui ont risqué leur vie en 1939-1945 pour sauver des Juifs doivent se retourner dans leur tombe. Comment est-on passé de l'esprit de résistance de 1945 à ça ? La violence raciste des forces de l'ordre gronde de plus en plus fort. Fait des victimes. N'est pas encore assez nommée, identifiée, dénoncée. Cette police n'est pas salvatrice, elle est meurtrière.

Mes arrière-grands-parents ont fait le choix de rester à couvert, quelques remous, à peine, de toujours se concentrer sur le nécessaire pour survivre. Boire, manger, se chauffer, dormir. J'ai passé des années à les juger, à essayer de me persuader que, à leur place, j'aurais fait plus. En réalité, je ne sais pas. Je comprends la peur, l'envie de fuir, de se cacher… Combien de fois ai-je dit en, juin 2024, « si le RN passe au gouvernement, je pars vivre en Espagne » ?

D'un autre côté, je sais que je n'aurai pas le luxe de tenter de vivre « normalement » dans la dictature dystopique objet de mes cauchemars, et pourtant de plus en plus palpable. Je ne cesse de me demander à quoi pourrait bien ressembler une France fasciste aujourd'hui. Quelles en seraient les cibles ? Les fixettes de l'extrême droite n'ont pas tant changé depuis Charles Maurras, elles ont plutôt acquis une nouvelle « diversité », incluant désormais les musulman·e·s, les personnes d'origine étrangère, les jeunes de banlieue, les personnes trans et les féministes. En tant que femme bisexuelle, journaliste, évoluant dans les milieux *queer*, j'ai intimement conscience du combat politique que mon corps et celui de mes proches incarnent. Et je ne compte pas sur la police pour nous protéger.

Dans nos sociétés modernes et occidentales, la guerre et la violence ont pris d'autres formes que celle des soldats en uniforme, et je nous souhaite de ne jamais vivre ce que nos aïeux ont subi. Mais les récents événements réveillent des angoisses bien réelles : les guerres en Ukraine et au Proche-Orient, la réélection de Donald Trump aux États-Unis, les politiques homophobes de Giorgia Meloni en Italie, ou les dénis de démocratie d'Emmanuel Macron… Alors oui, peut-être ces questions vont-elles un jour se poser de manière plus aiguë, davantage que de savoir si on va en manif ou pas, si on poste une *story* ou pas. Est-ce que je prendrai la fuite ? Est-ce que je resterai pour résister ? Et dans quelle mesure ? En risquant ma vie ? En me contentant de petits actes de solidarité ? Et en quoi consisteront-ils, aujourd'hui, alors que les moyens de communication et de surveillance sont bien plus développés ?

Dans les silences et les peurs de l'Occupation, chacun était renvoyé chez soi, poussé à mettre des œillères pour ne pas voir, ne pas savoir, ne rien faire. Il est urgent de ne pas fermer les yeux à notre tour. Les dérives autoritaires, les violences policières, les mots de haine prononcés par ceux qui se targuent de défendre l'ordre républicain, les agressions racistes, antisémites, les violences sexistes et sexuelles… Nous sommes toutes et tous concerné·e·s, qu'on le veuille ou non. Cessons de faire la sourde oreille aux sirènes du fascisme. Il faudra la vigilance de toutes et de tous, la force, la juste colère, pour ne pas sombrer à nouveau.

14

Gaëlle et moi nous enfonçons sous le musée de la Libération. Nous descendons les cent marches qui mènent au poste de commandement du colonel Rol-Tanguy. Effectivement, la Résistance sent le renfermé. Une fois que nous sommes arrivées en bas, on nous met un casque de réalité virtuelle sur la tête. Étrange impression d'être à la fois dans le futur et le passé. Un jeune FFI apparaît pour nous faire visiter les lieux. « Je m'appelle Jean, mais ce n'est pas mon vrai nom. Ici, tout le monde a un nom de guerre », nous explique-t-il. Les pièces vides se remplissent d'images virtuelles : une standardiste devant son poste d'appel, Mme Rol-Tanguy en train d'éplucher la presse pour connaître l'exacte avancée des Alliés, un FFI qui nous apprend à monter une barricade, Rol-Tanguy lui-même… Dans ces murs, du 20 au 28 août 1944, le colonel Rol et son état-major pilotent l'insurrection parisienne.

Une fois le casque enlevé, nous prenons quelques minutes pour contempler les lieux tels qu'ils sont aujourd'hui, empreints des traces de cette semaine décisive. L'émotion me serre la poitrine, un mélange d'angoisse et d'espoir. Oui, il y a eu l'Occupation, Vichy, des milliers de morts, des massacres…

Mais tout peut prendre fin, l'horreur peut s'achever. Je n'ai qu'une pensée : on pourra le refaire. Si l'extrême droite prend le pouvoir, on pourra le refaire. Nous aussi, nous trouverons les ressources pour organiser la résistance.

Quelques mois auparavant et vingt mètres plus haut, Sylvie Zaidman m'avait raconté le déroulement de la libération de la capitale. Le 6 juin 1944, les Alliés débarquent en Normandie, et les Parisiens et les Parisiennes s'impatientent. Ils n'attendent qu'une chose : la Libération. « Mais bon, les Alliés progressent mal… Et il faut savoir que ce n'était pas du tout dans les plans des Américains de passer par Paris. Ça les aurait retardés, ils auraient perdu des hommes. » Le général de Gaulle insiste : il est fondamental d'un point de vue symbolique que les Alliés passent par Paris.

Depuis 1943, les groupes armés de Résistance se sont fédérés sous la bannière des FFI, sous un commandement unique. Mon arrière-grand-père les rejoint d'ailleurs au printemps 1944, sous le matricule 4 4057. En Île-de-France, ils sont sous les ordres du colonel Rol, un communiste.

« Le général de Gaulle avait peur que les communistes s'emparent de Paris, et que le Parti communiste soit si puissant à Paris qu'il puisse peut-être mener à une guerre civile, explique Sylvie Zaidman. Il était vraiment extrêmement méfiant. Le Parti communiste à Paris n'était pas assez fort pour ça, mais il avait une image qui effrayait un peu. »

Et c'est seulement le 20 août 1944 que de Gaulle réussit à faire changer d'avis Eisenhower, commandant des forces états-uniennes, le fer de lance des Alliés.

Paris ne les a toutefois pas attendues pour commencer à bouger. « Le 14 juillet, déjà, on a vu des gens se promener avec les trois couleurs du drapeau français, qui étaient interdites en zone occupée. On a aussi vu des grèves commencer début août dans certains secteurs. La vie devenait de plus en plus difficile, entre les coupures d'électricité, le métro qui ne fonctionne plus. » Sans compter que certains groupes veulent lancer une insurrection, coûte que coûte.

Le film *Paris brûle-t-il ?* de René Clément, sorti en 1966, romance quelque peu la libération de Paris, en minimisant, par exemple, le rôle des communistes. Mais il raconte bien cette effervescence. Un groupe de jeunes résistants, désireux de se lancer dans l'action, se jette en réalité dans la gueule du loup. Suivant les directives d'un infiltré de la Gestapo appelé « capitaine Serge », ils se retrouvent conduits à la cascade du bois de Boulogne, et sont toutes et tous massacré·e·s.

Contrairement aux années précédentes, la police va jouer un rôle clair dans la Libération. En juillet 1944, 40 % des policiers se font ainsi porter pâle via des certificats médicaux de complaisance. Le vent a tourné, la défaite des Allemands se fait sentir, de nombreux policiers entrent, enfin, dans la Résistance. Le 19 août, les policiers de la préfecture de police – ceux-là mêmes qui ont arrêté 13 152 Juifs, dont 4 115 enfants, lors de la rafle du Vél' d'Hiv – se mettent en grève. L'ordre est donné de s'installer à la préfecture. Le lendemain, d'autres résistants entrent dans l'Hôtel de Ville. Deux places fortes de Paris sont désormais aux mains des résistants.

Les Alliés tardant à arriver, il est décidé, après moult tergiversations, de donner l'ordre d'insurrection à Paris, pour commencer à libérer la ville de l'intérieur. Les Parisiennes et les Parisiens de tous âges descendent dans les rues, extraient les pavés des chaussées, coupent les arbres, rassemblent des sacs de sable, dressent des barricades[1].

1. La recette d'une bonne barricade : des pavés, des sacs de sable, des troncs d'arbre, des sommiers, des matelas et des chaînes.

Je me demande quel rôle Pierre et Raymonde ont pu jouer lors de cette insurrection… Raymonde est-elle descendue dans les rues ? A-t-elle utilisé ses compétences de chimiste pour élaborer des explosifs ? Pierre étant FFI et armé, il a probablement pris les armes pour se battre contre les Allemands. Aucun des deux n'en a jamais touché mot à ma grand-mère, alors nous ne pouvons qu'émettre des hypothèses.

Paris devient le décor d'une guérilla documentée par de nombreuses images d'archives. On y voit des explosifs lancés par les fenêtres sur des chars allemands, une résistante rampant pour récupérer l'arme d'un SS fraîchement abattu, une jeep en flammes devant Notre-Dame…

Le général von Choltitz, gouverneur de Paris, est dépassé. Il a reçu l'ordre d'Hitler de faire sauter Paris, d'installer des explosifs sous tous les ponts, tous les monuments de la ville. Mais le général n'a pas assez d'hommes pour exécuter cet ordre. Dans *Paris brûle-t-il ?*, il est présenté comme désillusionné par Hitler, qui aurait perdu la tête. Il se refuse à détruire le patrimoine de « la plus belle ville du monde ». Il est prêt à se rendre, il attend l'entrée des Alliés pour en finir.

Finalement, les Alliés sont là le 24 août au soir. Les premiers arrivés ne sont autres que des soldats de la 2e division blindée du général Leclerc, donc notamment des Français. Dans Paris, on fait sonner les cloches. Le lendemain, le reste de la division arrive. Le général Choltitz signe la capitulation à la préfecture de police. La journée s'achève par le célèbre discours du général de Gaulle à l'Hôtel de Ville : « Paris ! Paris outragé ! Paris brisé ! Paris martyrisé ! mais Paris libéré ! Libéré par lui-même, libéré par son peuple avec le concours des armées de la France, avec l'appui et le concours de la France tout entière, de la France qui se bat, de la seule France, de la vraie France, de la France éternelle. »

Août 1944

Pierre n'arrive pas à s'habituer à ce brassard tricolore sur son bras. Il ne veut pas s'y habituer, non plus. Il est fier de cette croix de Lorraine. Et c'est un sentiment qu'il ne veut plus jamais voir disparaître. *Ça y est, c'est terminé.* Il vit sans la crainte de représailles nazies. Sans la crainte de finir avec une balle dans la tête, abandonné dans une forêt de la région parisienne.

Il avait attendu ce moment avec impatience. Encarté aux FFI depuis plusieurs mois déjà, il entendait ses camarades commenter l'arrivée imminente des Alliés. C'est même ça qui l'a convaincu de rejoindre le réseau, au printemps. Des bruits de couloir, qui l'ont alerté d'un changement de tendance. Avant ça, il n'était pas question de faire partie d'un réseau. Non. Trop dangereux. Il aurait suffi que son nom circule ou qu'un résistant du réseau se fasse prendre pour que sa vie soit menacée.

Au PC de la rue Bréguet, dans le XIe arrondissement, Pierre a discuté avec des collègues dans le même cas. Avec ceux qui ont rejoint des réseaux dès le début de l'Occupation tout en décidant de résister de l'intérieur, en restant policiers. L'un d'entre eux devait même participer aux séances de torture des « terroristes ». Pour donner le change.

Pierre a été atterré par ces discussions, et s'est même trouvé chanceux de n'avoir fait que son travail d'inspecteur. Sans trop de violence, à part quelques interpellations musclées. Le risque de se faire prendre était bien moins grand. Faire capoter des enquêtes paraît presque simple, à côté. Mais Pierre a commencé à douter de lui-même. A-t-il fait assez ? A-t-il trop joué dans le camp vichyste pour sauver sa peau, plutôt que d'aider les autres ? Ces questions le taraudent.

Les voitures de police circulent non loin de lui, maintenant ornées de croix de Lorraine, peintes sur la carrosserie. Les sourires sont sur tous les visages. Les Alliés sont entrés dans Paris.

Le drapeau tricolore est de retour sur tous les bâtiments publics, et même plus. Les habitants le brandissent à l'extérieur, ou depuis leur balcon, fiers de leur patrie, fiers d'avoir enfin délogé l'occupant. *La Marseillaise* et *Le Chant des partisans* résonnent tour à tour entre les façades. Un peu plus loin dans la rue bondée de monde, Pierre s'attendrit en croisant une petite fille qui tient la main de sa mère. Un petit bout de chou, quatre ans tout au plus, qui ne doit pas comprendre ce qu'il se passe. Elle porte une robe tricolore. Faite main par la maman, sans nul doute. Est-ce que sa petite Minouche en porte une aussi ? Il pourra bientôt aller la voir, d'ailleurs ! Le cœur de Pierre bondit de joie. Enfin, le calvaire est fini. Dans peu de temps, ils seront tous réunis, Pierre, Raymonde et leur fillette.

Soudain, Pierre entend des cris autour de lui. Des cris de joie, lui semble-t-il, mais ils sonnent étrangement. Il croit discerner des insultes. L'inspecteur décide de s'approcher de la foule, attroupée en petit cercle autour de quelque chose. Enfin à hauteur, il joue des coudes pour s'insérer dans le groupe, puis se fige. Une femme, agenouillée, pleure. Sa lèvre saigne, elle a été frappée. Plusieurs fois. Son visage est tuméfié. Elle est pieds nus, ses jambes sont sales. La manche de son chemisier, déchirée. Et son regard, désespéré.

Un homme au-dessus d'elle tient les ciseaux et une mèche brune bouclée. La première. La foule la hue. « Salope ! » « Putain des nazis ! » Les badauds encouragent son bourreau à aller plus loin. La malheureuse est rasée sauvagement, l'opération lui laisse des traces de coupure sur le crâne.

Pierre assiste à la scène, le cœur brisé. Une femme si belle, défigurée, humiliée sur la place publique. Dans le regard de l'homme, il voit la haine et la jouissance. La puissance, même. Alors que Paris célèbre sa Libération, ses habitants se transforment en tortionnaires vengeurs. En foule harpie.

Pierre recule, sidéré. En se retournant, il voit un soldat allemand battu au sol par des hommes au brassard FFI, comme lui. Il a beau avoir peu d'empathie pour les occupants, il ne peut que remarquer l'âge de l'Allemand. *Un gamin. Sûrement enrôlé de force.* Celui-ci a beau essayer de se protéger la tête de ses bras, son visage est déjà en sang. Son uniforme, déchiré. Sa dignité, bafouée.

L'éternel questionnement revient alors. Est-ce qu'il a fait assez ? Est-ce qu'il a trop longtemps joué dans le camp vichyste ? Est-ce qu'il va finir comme ces femmes lynchées pour leurs liens avec les nazis ? Et comme ces Allemands, capturés ? Après tout, il est policier. Il l'a été tout au long de la guerre. Il a participé à l'implantation des lois de Vichy. Il a arrêté, enquêté, il a déjoué des attentats de résistants. Ses petits actes de désobéissance, comme saboter une enquête, sont invisibles. Il n'y a pas de trace écrite, aucune preuve.

Il a beau être lieutenant des FFI, son encartement tardif peut jouer contre lui. Pas aussi tardif que certains, certes. Il n'est pas de ceux qui ont retourné leur veste pour sauver leur peau de collabo au moment de la grève. Au moment de la prise de la préfecture de police. Non. Rien que d'y penser, Pierre a envie de cracher par terre. L'idée qu'il puisse être mis dans le même sac que ces pourritures le débecte.

À regarder cette pauvre femme, et ce soldat… Il est soudain convaincu que sa vie est encore en danger. Rien n'est fini. Tout n'est que continuité. La peur a simplement changé de camp. Vichyste ou résistant. Mais Pierre fait autant partie des deux bords opposés que d'aucun. Il est toujours la cible de la peur. Et le voilà de nouveau terrifié.

« Bravant l'occupant dès le 15 août, déclenchant la lutte dès le 19 et la poursuivant jusqu'au 26, les courageux gardiens de la police parisienne ont donné à toute la Nation un bel exemple de patriotisme et de solidarité qui fut l'un des premiers facteurs du succès des combats pour la libération de la capitale. »

Octobre 1944. Le général de Gaulle, à la tête du gouvernement provisoire de la République française, remet la Légion d'honneur et la croix de guerre à la police parisienne, dans la cour des Invalides.

Cet hommage m'interroge. La police parisienne s'est peut-être rachetée en participant à l'insurrection et en prenant la préfecture, mais pourquoi la caresser à ce point dans le sens du poil ? En omettant complètement de considérer sa complicité dans les atrocités ordonnées par Vichy et l'occupant.

Selon Jean-Marc Berlière, les raisons sont politiques. Le nouveau gouvernement a besoin de la police. « Quand de Gaulle arrive au pouvoir, la France est au bord de la guerre civile. À Paris, il y a des pillages, il y a des assassinats, il y a du racket… Et on ne peut pas recruter 20 000 policiers du jour au lendemain. Donc il arrive à faire un gros mensonge au mois d'octobre 1944. On oublie tout ce que les policiers ont fait. »

Cet hommage en dit long sur l'ambiguïté du rôle de la police, bras armé de l'État… quel que soit l'État. Je ne peux m'empêcher de remarquer les similitudes entre Pétain qui, après avoir révoqué les policiers républicains ou communistes, se permet de les réintégrer, et de Gaulle qui ment par omission en célébrant la « solidarité » de la police parisienne.

Police qui a arrêté, torturé, déporté. Qui répondait d'abord aux ordres de Vichy, pas à ceux des nazis. Police qui a toute sa responsabilité dans les horreurs commises pendant la guerre.

Au-delà des beaux discours, la police va néanmoins être largement « épurée ». Le gouvernement provisoire met en place tout un système judiciaire pour nettoyer le pays de ses collabos, via des commissions et des tribunaux spécialisés. Les sanctions vont de l'administratif au pénal. Au mieux : la mutation forcée, la retraite anticipée ou la rétrogradation. Au pire : l'indignité nationale et la peine de mort. Ceux qui échappent à l'épuration sont considérés comme « purs », ce qui rend officiellement toute sa légitimité à la police.

Le 17 avril 1945, mon arrière-grand-père est révoqué sans pension, c'est-à-dire sans aucune indemnité financière. Ça aurait pu s'arrêter là, mais la machine judiciaire prend le relais. Très vite, il est accusé d'intelligence avec l'ennemi.

À la fin du mois de juillet 1945, Pierre est emprisonné à Fresnes.

15

Il faut partir le plus rapidement possible. À peine rentré, Pierre saisit précipitamment sa petite valise en carton, qu'il ouvre sans ménagement sur le lit. Chemises, pantalons, sous-vêtements. Il lance les vêtements depuis la commode où ils étaient pliés. En plein mois de juillet, il ne lui reste pas grand-chose à ajouter, à part ses papiers qu'il pose sur la pile de tissus informes. Il ferme la valise brutalement et quitte la chambre. Ses pas sont lourds sur le parquet.

Raymonde lui tend quelques bouts de pain, les derniers qui leur restent, enveloppés dans un linge taché. « Ce n'est pas assez pour deux personnes, de toute façon », le rassure-t-elle. Raymonde ne mangera pas ce soir.

Pierre sent son cœur battre trop vite. Épaules crispées, gestes brusques. La tension est palpable. Il a l'impression que son appartement lui est étranger, que les murs lui sont hostiles. Raymonde, malgré ses traits tirés d'angoisse et de privations, est la seule oasis de la pièce. Il doit pourtant la quitter pour survivre. Ou pas ?

Il ne sait pas quoi faire. Pour ce qui lui semble être la première fois, il se retrouve face à deux choix, aussi mauvais l'un que l'autre. Quitter sa femme – et tout espoir de vie de famille –, quitter Paris, rejoindre la Corse et vivre loin, à l'abri des radars de la police ; peut-être devenir vraiment un truand, passer de l'autre côté de la justice, pour manger et s'enrichir. Après tout, il en a déjà le style vestimentaire. Pierre regarde son fédora, accroché devant lui, l'air grave.

Ou alors répondre à la convocation judiciaire et laisser la justice suivre son cours ? Il a dédié tant d'années à l'institution, malgré la guerre, malgré les affectations loin de son foyer, malgré les désaccords avec ses chefs et malgré le gouvernement de Vichy. Mais elle l'enfermera pour de longues années et l'accusera de tous les maux pour se purifier. Elle jugera ses actes, sa personnalité, sa carrière pour établir une « vérité » qui pourrait être fausse. Elle peut l'accabler de honte, elle commence déjà à le faire, d'ailleurs. Pierre en est certain.

Il regarde une dernière fois Raymonde. Il soupire, la tristesse l'emporte sur l'angoisse quelques secondes. Pierre prend le visage de Raymonde dans ses mains et colle son front au sien. Ils ne disent rien, l'instant s'étire en un doux moment. Ils s'embrassent tendrement, peut-être leur dernier baiser.

Puis Pierre s'en va.

Il dévale les quelques dizaines de marches qui mènent en bas du bâtiment. Le vent chaud s'engouffre dans l'entrée sombre. Pierre se glisse dehors. Où aller ? Il n'en a aucune idée. Ses pas le portent à gauche.

Il marche d'un pas vif. Son corps tout entier lui intime de courir, de fuir aussi vite et aussi loin que ses jambes le permettent. L'expérience tempère l'impulsion. Il faut rester alerte, attentif au moindre signe de danger, il doit être prêt à se cacher rapidement s'il croise un membre des forces de l'ordre. Ils sont sans doute à ses trousses.

Non. Pierre doit garder son calme. Il prend de longues respirations. Fourre sa main libre dans la poche de sa veste, l'air de rien. Discrètement, il agrippe le manche en corne de son couteau. L'autre main tient fermement sa valise.

Les rues sont sombres, presque vides à l'exception de quelques rares passants. Dès qu'une silhouette approche, Pierre se recroqueville autant que possible, la tête baissée. Il ne peut que visualiser le coup de bâton sur la tête, les coups de pied dans le dos, les mains sous les aisselles qui l'emporteraient jusqu'au fourgon – direction l'annihilation judiciaire.

Il secoue la tête, comme pour chasser ces images qui l'oppressent.

Pierre se sent faible, à la merci du monde qui l'entoure. Il n'est rien. Rien d'autre qu'une ombre parcourant les rues de Paris. Une de plus, perdue, cherchant un abri sûr. Et d'abri, il sait qu'il n'en trouvera pas ici. Il devra rester mobile toute la nuit durant. Rejoindre la gare, s'il le peut.

Chaque petit bruit accroît en lui une panique toujours plus sourde. Elle oppresse sa poitrine, tend ses muscles. Pierre se sent prêt à bondir, comme un chat effrayé au fond d'une cage.

— Excusez-moi ?

Pierre sursaute avant de se figer sur place. Soudain, il ne sait plus quoi faire. Il ne sent plus que la sueur froide dans son dos. Elle coule le long de sa colonne vertébrale. Son souffle est irrégulier, saccadé. Du regard, il cherche frénétiquement l'auteur de ces mots.

Il ne peut dire dans quelle rue il se trouve, encore moins quel quartier. Cela fait-il cinq minutes qu'il a quitté Raymonde, ou deux heures ? Là encore, il n'en a pas la moindre idée.

Au bout de quelques secondes, il est soulagé de voir un homme seul approcher. Un paquet est coincé sous son bras. Lui aussi porte des vêtements sombres, un béret. Son visage est difficilement distinguable dans la pénombre.

— Auriez-vous du feu ?

Une voix d'homme, assez grave, pleine d'assurance. Pierre ne répond rien. Quelques secondes passent. L'homme, surpris, penche la tête sur le côté. Il fait un trait d'humour, que Pierre entend à peine.

D'un geste très lent, presque au ralenti, Pierre pose sa valise, sort son paquet d'allumettes et en craque une devant l'inconnu. Le visage de l'homme se dévoile. Il doit avoir la trentaine, même si ses rides et ses traits tirés indiquent un âge plus avancé. La flamme donne une lueur presque inquisitrice à son regard.

Pierre a la gorge serrée. Il a lâché son couteau pour lui donner du feu. Il se sent vulnérable, sans défense. Il peut mourir à tout instant, ce fait le frappe soudain comme une évidence. Yeux écarquillés, bouche crispée. Son visage n'est qu'angoisse.

L'inconnu porte une cigarette à sa bouche. Main calleuse, mais les doigts fins. Il aurait pu être pianiste dans une autre vie. Le geste assuré, il allume sa cigarette à la flamme qu'on lui tend, tire dessus. L'odeur est inhabituelle, ce n'est pas celle du tabac. L'inconnu s'est confectionné une cigarette avec des feuilles d'ortie et de marronnier, pour adoucir le rationnement.

Un petit soupir de plaisir s'échappe des lèvres de l'inconnu en même temps que la fumée. Il remercie Pierre avec un sourire et s'éloigne.

Des bruits de pas lourds résonnent dans le couloir.

Boum. Boum. Boum.

La violence des coups la sort de sa torpeur.

— Police, ouvrez !

Raymonde saute sur ses jambes, l'adrénaline court dans ses veines. Elle s'attendait à leur venue.

Après avoir lissé sa robe, elle ouvre la porte, l'air fâchée. L'un des policiers la repousse vivement et pénètre à grandes enjambées dans l'appartement.

Raymonde proteste. Son instinct la pousse à faire autant de bruit que possible. Elle se réfugie près de la petite bibliothèque et agrippe un livre de chimie. Il a la taille d'une brique. Raymonde n'est pas certaine de ce qu'elle en fera si elle doit l'utiliser. Avoir de quoi occuper ses mains la rassure, néanmoins.

— Où est Pierre Fratani ?

Poing sur la hanche, torse bombé : Raymonde défie le policier. Elle arrive à peine au niveau de l'épaule de l'homme, mais elle ne se laisse pas démonter.

— Il n'est pas là. Partez.

Un policier fouille la chambre. Il retourne le matelas, comme si Pierre se cachait dessous tel un enfant. *Pierre n'est pas si lâche*, pense Raymonde, pleine de bile, avant de se rappeler la fuite de son mari. Si, il l'est, même plus encore.

L'agent jette les vêtements de la penderie au sol et teste l'arrière, au cas où un double fond s'y cacherait.

Quelques curieux se sont regroupés devant la porte d'entrée, ils chuchotent entre eux. Raymonde aperçoit sa belle-sœur et voisine Madeleine, qui tente par tous les moyens de voir ce qui se passe. Ses traits sont doux, elle n'a pas souffert des pénuries comme les autres Parisiens. Incrédule, elle fixe Raymonde. Elle commence à prendre la mesure de la situation. Son frère, un collabo ? Madeleine semble confuse, sans doute ne sait-elle pas quelle émotion choisir entre la honte, la déception et l'envie de ne pas y croire. Raymonde sent les larmes lui monter aux yeux, elle fait tout pour les repousser. Elle ne s'est jamais sentie aussi seule.

Le parquet grince sous le poids des deux policiers. Raymonde ne peut que constater le désordre qu'ils ont causé, la lampe qu'ils ont cassée dans la chambre durant leur fouille. Et comme ça, en un éclair, ils repartent aussi vite qu'ils sont arrivés. Ses épaules tombent.

Madeleine la regarde encore quelques secondes, puis s'en va. Ses pas résonnent dans l'escalier alors qu'elle rejoint son appartement, à l'étage supérieur. C'est alors que la voisine de palier sort de chez elle. Mme Molina était restée cachée. Les nazis ont beau ne plus être dans Paris, la peur reste bien présente, surtout pour une Juive d'origine algérienne.

Elle entre dans l'appartement, avec douceur mais sans hésitation. Elle s'approche de Raymonde et lui pose chaleureusement la main sur l'épaule.

— Ne vous inquiétez pas, Raymonde, on sait tous que c'est une erreur, la rassure-t-elle.

Elle la guide vers la chaise la plus proche. Prend le livre que Raymonde tient toujours serré contre elle, et le pose sur la table.

— Avec son tempérament corse franc et bouillant, Pierre est incapable de cacher ses opinions antiallemandes, et sa conduite a toujours été en accord avec ses pensées. Tout va s'arranger, vous verrez.

Raymonde est sonnée, sous le choc. L'ampleur de ce qui l'attend la frappe dans toute sa gravité. Non, tout ne s'arrangera pas. Elle ne verra sûrement plus jamais l'homme qu'elle aime, l'homme qui l'a abandonnée. La honte la suivra toute sa vie.

Pierre n'a toujours pas bougé. Il continue de fixer la pénombre dans laquelle s'est engouffré l'inconnu. Comme s'il avait été absorbé par la nuit parisienne. Il ne reste plus rien de l'homme. Et lui, Pierre, arriverait-il aussi à s'évaporer ? Il rêve soudain de cette sensation de rien, un néant de vie, si calme et paisible. Devrait-il simplement mourir ?

La flamme de l'allumette a parcouru son chemin, elle danse près de sa chair. La douleur soudaine le tire de sa torpeur.

— *O baullò*[1] !

Il grogne et jette le bout de bois sur le sol. Il est pris par la vacuité de sa quête, s'enfonce dans une spirale infernale. Que va-t-il devenir ? Où aller ? Et Raymonde ? La police l'arrêtera-t-elle pour l'interroger ? Deviendra-t-elle une paria, une femme de *collabo*, la risée du quartier et de la famille ? Sera-t-elle tondue, elle aussi ?

La panique monte à nouveau, mais cette fois-ci, pour sa femme. La mère de sa fille d'à peine cinq ans. Sa fille, Alfida, que Raymonde et lui ne voient ni grandir, ni sourire, ni jouer, ni dormir. Comme il souhaite que le monde s'arrête de tourner.

Un sanglot lui échappe. Il porta la main à son visage, étouffant le bruit qu'il ne peut contrôler. Tout son corps convulse, de terreur, de tristesse. Tant et si bien qu'il doit s'appuyer sur un mur près de lui. Il glisse jusqu'au sol, les genoux repliés contre lui. Il les serre bien fort. Reprend lentement une respiration profonde. Son visage est maculé de larmes et de salive.

Il laisse tomber sa tête entre ses genoux, accueillant l'étirement de son dos comme une sensation salvatrice. Son corps n'est pas mort. Un souffle de vie revient en lui alors que les images de Raymonde et d'Alfida ensemble dansent devant ses yeux. Il ne peut pas leur faire ça. Pierre ne peut pas laisser la lâcheté gagner et montrer au monde des gestes qu'il n'a pas faits. Il doit prouver son innocence.

1. « Quel benêt ! », en corse.

La sienne comme celle de ses proches. Fuir serait tous les condamner.

La tension s'apaise dans son dos, il se calme. Cette résolution le porte désormais, et le portera des années durant s'il le faut. Il imagine le calvaire que ça sera, pour lui comme pour Raymonde. *C'est toujours mieux que de vivre dans la honte.* Sa décision est arrêtée. Seule la justice peut le laver. Il doit lui faire confiance.

Il prend une longue inspiration et se relève sans bruit. Pierre fait demi-tour et, en un instant, le voici lui aussi entré dans les ténèbres parisiennes.

16

Si j'ai toujours su que mon arrière-grand-père avait été mis en cause pour intelligence avec l'ennemi, je n'ai jamais eu connaissance de faits précis. Fumait-il le cigare avec Karl Boemelburg ? Était-il, à Douai, un policier zélé qui condamnait des communistes à la déportation ? Ma grand-mère n'avait pas l'air de savoir exactement de quoi son père avait été accusé. À force d'éplucher les archives, Gaëlle et moi avons réussi à recouper les noms, les faits, les dates… Jusqu'à retracer, enfin, les raisons de la chute de mon aïeul.

Une nouvelle visite à ma grand-mère me permet de lui poser quelques questions. Je me demande comment elle a vécu cet après-guerre joyeux pour tous, sauf pour sa famille. Nous nous installons dans les fauteuils en osier de la véranda.

— Déjà, la Libération, ça t'évoque quoi ?

— Quand j'étais petite, c'était un mot bizarre. Pas très positif. Mon père en avait un souvenir abominable. Il disait toujours : « Ah oui, les résistants de la dernière heure, parlons-en des résistants de la dernière heure ! Ils se vengeaient sur les femmes ! C'est facile de tondre une femme, c'est facile d'attaquer une femme ! » Ça l'avait rendu malade. Il ne supportait pas ce déchaînement qu'il y avait eu après la Libération. Trop de haine, de vengeance. Et, au contraire, les authentiques, les vrais résistants, on ne les connaissait pas. Ils ne se vantaient pas…

L'image de ces hommes s'attaquant au corps des femmes pour détourner l'attention de leurs propres fautes me retourne le ventre. « Libération », pour moi, ça a toujours été associé aux photos dans mes livres d'histoire. Les scènes de liesse, les drapeaux tricolores, les embrassades, le général de Gaulle sur les Champs-Élysées… En cours d'histoire, on parlait aussi des femmes tondues, victimes de l'épuration extrajudiciaire, mais d'une façon peu critique. Comme si, finalement, elles l'avaient bien cherché, ces salopes qui couchaient avec l'ennemi. Même si, d'après l'historien Fabrice Virgili, sur les quelque 20 000 femmes tondues, la moitié seulement l'ont été pour avoir eu des relations intimes avec les Allemands. Dans un article[1], il écrit : « La "collaboration horizontale" est vécue, dans le prolongement de l'adultère à la Nation, comme une véritable souillure dont est victime le pays. […] La coupe des cheveux doit permettre au pays de retrouver son honneur, d'effacer la souillure portée par le corps de ses femmes. »

Ma grand-mère, profondément humaniste, s'excuse presque de se faire le porte-voix d'une autre histoire de la Libération, loin du roman national que l'on souhaite collectivement se raconter.

— Malgré la fin de la guerre, tu continues à vivre dans le Limousin, chez tes grands-parents. Alors que tu aurais dû retourner avec tes parents…

— Oui, les gens du village se posaient des questions. La guerre est finie, pourquoi les parents ne la reprennent pas ?

1. Voir bibliographie en fin d'ouvrage.

Avril 1946, Paris. De gauche à droite :
l'oncle d'Alfida, Raymonde et Alfida, les parents de Raymonde.
Alfida est montée à Paris avec ses grands-parents.
Raymonde a fini par avouer à ses parents les raisons de l'absence de Pierre, qui est toujours incarcéré.

— Et tu savais pourquoi ? Tu savais que ton père était en prison ?

— Non, pas du tout ! C'était la honte absolue, il ne fallait pas que les gens sachent. On me disait toujours qu'il était en « mission ». D'ailleurs – et ça je l'ai appris bien plus tard –, quand j'étais venue voir ma mère à Paris pour Noël, mon père avait demandé que je vienne au parloir. Parce qu'il ne savait pas s'il allait être exécuté ou non. J'avais cinq ans, il ne m'avait presque jamais vue. Et ma mère a dit non, parce que je risquais de dire à l'école que j'avais vu mon papa derrière les barreaux. Et elle avait probablement raison, j'avais cinq ans, je l'aurais dit à tout le monde.

Dans la voix de ma grand-mère se mélangent la tristesse de l'enfant et la raison de l'adulte qui comprend.

— Et tes grands-parents, ils savaient ?

— Non, ma mère l'a aussi caché à ses parents. Dans cette famille honnête, droite, patriote… Ça aurait fait tache ! Je me souviens, à la fin de la guerre, d'une jeune fille, probablement juive, qui avait couru dans le champ à côté de la maison, et qui avait été tuée par un SS. Mon grand-père était dans une colère folle. Il disait : « Les salauds, ils l'ont tirée comme un lapin ! » Ma mère ne pouvait pas lui dire que son mari était accusé d'avoir collaboré.

Je marque une courte pause, incrédule. Une personne a été assassinée à deux pas de ma grand-mère lorsqu'elle était enfant. Même si elle ne l'a pas vu de ses yeux, le savoir a dû être terrifiant. Le champ que l'on voit de sa fenêtre devient synonyme de mort. Le danger rôde jusque chez soi. Plusieurs fois, les Allemands ont réquisitionné la maison où vivait ma grand-mère. La première fois qu'elle a vu des nazis débarquer chez elle pour y passer la nuit, elle s'est réfugiée dans le clapier des lapins, terrorisée. Je me dis qu'elle aurait pu en être traumatisée. Finalement, elle parle de l'assassinat de cette jeune fille avec gravité, mais comme d'un détail – une phrase, puis elle embraie sur la suite de son idée. Je comprends à ce moment-là à quel point cette violence, aussi choquante qu'elle ait pu être, était courante en France entre 1940 et 1945. Une forme de normalité presque inconcevable pour les générations françaises suivantes. Que d'autres ont vécu quotidiennement, ou vivent encore aujourd'hui : en Ukraine, à Gaza, au Soudan, au Yémen… Peut-on vraiment s'habituer à de telles scènes d'horreur ? Comment aurais-je porté ce poids, à la place de ma grand-mère ?

L'émotion voile le regard de mon aïeule, ses souvenirs sont flous et pourtant toujours aussi vivaces. Je le vois bien : le rappel de cet assassinat l'attriste toujours profondément. Je n'ose pas insister ni la faire parler plus longuement de cette jeune fille. Alors je repars vers un terrain plus connu, plus certain : ce que Pierre lui a dit.

— Quand est-ce que tu as su tout ça ? Qu'est-ce qu'il t'a dit, ton père, de son temps à Fresnes ?

— Mon père n'aimait pas parler de la prison, de la guerre. Il a fini par se confier à moi après la mort de ma mère, peu de temps avant la sienne. Il m'a raconté comment il fabriquait des réchauds avec des boîtes de conserve, il m'a même fait la démonstration, une fois. Il m'a raconté qu'il avait faim, tellement faim, et qu'il était servi par des droits communs qui crachaient dans la soupe pour se venger des policiers.

» Au petit matin, il y a en avait qui partaient au peloton d'exécution. Tous les détenus se mettaient derrière la porte, et le condamné, accompagné du prêtre, longeait ce couloir. Et un jour, il y a eu ce condamné qui, en passant dans le couloir, répétait cette phrase : "Pardonne-leur, ils ne savent pas ce qu'ils font…" Jusqu'au bout du couloir. Il la prononçait comme un mantra. Et mon père m'a dit : "Moi, jamais je ne leur aurais pardonné." Lui, il avait la haine, la violence, l'injustice. C'est normal, hein, c'est humain.

— Est-ce qu'il pensait que certaines des exécutions étaient justifiées ?

— Non, aucune ! Il sait que des innocents ont été tués. Ils n'ont pas pu prouver qu'ils n'avaient rien fait. Ils n'ont pas eu une femme, une sœur, comme ma mère et ma tante, qui ont consacré tout le temps possible à chercher des témoins.

Je frissonne à ces mots. Même si ces hommes étaient coupables, ils ne méritaient pas la peine de mort. Jugements hâtifs et vengeurs, exécutions... Une République renaissant de ses cendres se doit de faire mieux que ça. Mais, encore une fois, ma grand-mère n'est qu'un témoin de la petite histoire, celle que son père a bien voulu lui raconter – qu'il s'est aussi racontée à lui-même pour continuer à vivre la tête haute. Loin des faits, qu'il faut des dizaines d'années aux historiens pour établir.

C'est l'heure de l'épuration et des règlements de comptes. De nombreux policiers se retrouvent derrière les barreaux. Certains ont travaillé dans les services politiques des différentes polices, ont été chargés de démanteler des réseaux de résistants ou d'arrêter des centaines de personnes juives, obéissant aux ordres sans se poser de questions. Un peu logique qu'ils aillent en prison, finalement. Mais d'autres se retrouvent là en raison de manigances de collègues qui profitent de cette ambiance de curée pour donner un petit coup d'accélérateur à leur carrière. Et qui, dans cette optique, doivent se présenter en bons patriotes, défenseurs de la France gaulliste.

Faire partie de la Résistance est dangereux, l'espérance de vie ou de liberté d'un résistant n'est que de quelques mois, « à moins qu'il ait vraiment de la chance », nous a expliqué

Jean-Marc Berlière. Les policiers qui se disent résistants à la Libération sont soit des résistants ayant fait preuve d'une discrétion exemplaire pour passer sous les radars, soit des menteurs. À propos de ces derniers, l'historien nous a précisé : « C'est ce qu'on appelle les résistants de la 25e heure, ou résistants de septembre. Ils s'emparent des postes et ils vont inventer des exploits imaginaires. Et, pour ça, il faut évidemment se débarrasser des témoins ou des gens qui occupent déjà ces postes. »

Les policiers se dénoncent les uns les autres. Les commissions d'épuration et les juges d'instruction sont surchargés d'affaires. À ces accusations s'ajoutent les dénonciations faites par des civils, notamment par ceux qui ont tout intérêt à discréditer des policiers. « Pendant la guerre, des malfrats ont continué à braquer des banques, à racketter des gens… Alors, souvent, en 1944-1945, ces individus vont dire qu'ils travaillaient pour la Résistance. De fait, les policiers qui les arrêtaient étaient souvent poursuivis sur la base d'accusations faites par ces personnes qui n'étaient pas plus des résistants que vous et moi. » Bonne ambiance, à cette période où démêler le vrai du faux est particulièrement ardu.

Depuis sa cellule, Pierre est persuadé qu'il va mourir. Les condamnations à mort ont pourtant été rares. Au total, on recense environ 790 exécutions judiciaires après la guerre. Dans la police, il n'y en a eu que 10. Et toutes parmi les brigades spéciales de la préfecture de police de Paris, spécialisées dans la traque des « ennemis de l'intérieur ».

Mon arrière-grand-père n'a jamais fait partie de ces brigades, il n'était même pas à la préfecture de police, mais à la Sûreté nationale. Avec le recul, on peut dire qu'il n'était pas menacé d'une peine aussi extrême… Mais ça, il ne pouvait pas le savoir.

L'épuration est ainsi majoritairement administrative. À la Sûreté nationale, les sanctions sont plutôt de l'ordre de la révocation, de la mise en retraite (avec ou sans pension) ou de la rétrogradation. Jean-Marc Berlière estime qu'un policier sur cinq a été sanctionné, et un sur dix révoqué, selon des chiffres de décembre 1945. Sur 6 000 fonctionnaires, cela représente 1 136 sanctions, dont 542 exclusions.

Plus spécifiquement, parmi les inspecteurs de la Sûreté nationale, comme Pierre : 10,5 % sont sanctionnés, et 5,53 % exclus. Pierre fait donc partie de cette minorité.

C'est une épuration moins spectaculaire, qui frustre un certain nombre de Français, d'après l'historien : « Des tas de gens vous diront que les policiers n'ont pas été épurés. Ce qu'ils auraient voulu, c'est un bain de sang, tout de suite, des gens contre les murs qu'on fusille. Mais ce n'est pas ça, la justice. On s'est battus contre les nazis, c'est-à-dire contre le contraire de l'État de droit. Ce n'est pas pour se comporter de la même manière. »

Selon ma grand-mère, Pierre voulait à tout prix faire traîner sa défense. Il tannait Raymonde pour qu'elle n'aille pas trop vite. Elle avait hâte qu'il sorte de prison, mais être jugé trop tôt lui aurait fait courir un risque supplémentaire. Le souvenir de la collaboration était encore vivace dans tous les esprits, et les premiers mois d'épuration ont été particulièrement sévères. Conduisant parfois à des injustices. Certains juges d'instruction eux-mêmes faisaient traîner les choses. « De façon à ce que les passions s'apaisent. Il était plus facile, en 1946 ou 1947, de prononcer un non-lieu, ou une peine que les gens auraient trouvée scandaleusement basse en 1944 », constate Jean-Marc Berlière.

De quoi Pierre doit-il se défendre, exactement ? Et pourquoi les soupçons de ses pairs se portent-ils sur lui ? Gaëlle et moi avons eu du mal à identifier des raisons claires. Les centaines de pages d'archives que nous avons eues sous les yeux nous ont d'abord embrouillé l'esprit. Les informations recueillies partaient dans tous les sens et, assaillies par des noms que nous n'arrivions pas à relier entre eux, nous en avons eu mal à la tête plus d'une fois. Finalement, nous pouvons résumer les faits de la façon suivante.

D'abord, en mai 1945 – et comme au début du gouvernement de Vichy –, Pierre est révoqué sans pension par le gouvernement provisoire de la République française. La raison : l'arrestation de Louis Lagarrigue en novembre 1942, et la recommandation faite par Boemelburg, chef de la Gestapo en France.

Quelques jours après cette exclusion, Pierre est cité dans une affaire parallèle, l'affaire Forgues. Aux Archives nationales, nous avons pu consulter le dossier de la commission d'épuration concernant ce mystérieux personnage. Forgues est inculpé d'atteinte à la « sécurité extérieure de l'État ». Là aussi, difficile de démêler le vrai du faux. Les témoignages à son sujet sont contradictoires. Résistant pour les uns, collabo pour les autres. Forgues jouait double jeu, suivant ce qui semblait l'arranger le plus.

D'autres éléments d'archives nous apprennent qu'il faisait son beurre au marché noir et qu'il aurait infiltré des maquis pour identifier des résistants et les dénoncer à la police allemande. Bref, un vrai chic type.

Quel lien avec Pierre ? Ami, simple informateur ? Difficile à dire. Mais Pierre aurait été vu chez Forgues, à Samois-sur-Seine. Il est donc soupçonné d'avoir collaboré avec les Allemands, par l'intermédiaire de Forgues. Mon aïeul est alors convoqué par le commissaire chargé de l'enquête sur Forgues : Luc Orabona, un Corse, membre du réseau de Résistance Ajax.

Dans un procès-verbal, Pierre explique qu'il a rencontré Forgues via un collègue. Il assure ne l'avoir vu que quelques fois. Forgues l'aurait bien invité chez lui, et lui aurait même affirmé avoir caché des explosifs dans son jardin pour soutenir les FFI le jour de l'arrivée des Alliés. Pour Pierre, c'est clair, Forgues est un résistant. Orabona est cependant persuadé que les deux hommes mentent, qu'ils sont complices. Selon Orabona, Pierre aurait même pris la fuite, se dérobant dans un premier temps à sa convocation. De quoi bien aggraver son cas.

Pierre finit tout de même par se rendre rue des Saussaies, le 21 juillet 1945. Il fait une nouvelle déposition, avant d'être arrêté et emmené à Fresnes. Détail étonnant, l'interrogatoire est mené par le commissaire Marcel Clerissi, lui aussi ancien de l'Ajax. Dans cette deuxième déposition, Pierre explique que Forgues a été pour lui un indicateur.

En lisant les rapports d'Orabona et les éléments à charge contre Forgues, je doute, moi aussi. Mais la version du commissaire est nuancée bien plus tard par l'une des avocates de Pierre, maître Hélène Campinchi[1]. Dans un courrier adressé au commissaire du gouvernement, celle-ci accuse Orabona d'avoir été partial vis-à-vis de mon arrière-grand-père, et d'avoir proféré de fausses accusations à son encontre… Elle explique même qu'Orabona a mis un coup de poing à Pierre le jour de son arrestation.

Avec Gaëlle, nous avons passé énormément de temps à essayer de comprendre quelles étaient les relations entre Pierre et Luc Orabona, résistant multimédaillé. Notre

1. Avocate, résistante et femme politique française (1898-1962), Hélène Campinchi a été vice-présidente du Conseil général de la Corse de 1945 à 1955 et vice-présidente du Parti radical et radical socialiste en 1948. Elle a été arrêtée par la Gestapo en 1944 et incarcérée à Fresnes, avant d'être libérée par les troupes alliées. Alfida se souvient de lui avoir offert un bouquet de fleurs après la libération de son père.

hypothèse principale : Orabona ne supportait pas l'idée qu'un collabo ne soit pas puni, et le seul fait que mon arrière-grand-père ait trempé de près ou de loin avec un homme aussi louche que Forgues a suffi pour placer Pierre dans son viseur. Le tout saupoudré, bien sûr, d'un tempérament corse parfois flamboyant et belliqueux.

Ce lien suspect avec Forgues – en plus de l'arrestation de Lagarrigue et de la recommandation du chef de la Gestapo – achève de conforter les soupçons qui pèsent sur mon arrière-grand-père. Depuis sa cellule, il va devoir se justifier sur chacun de ces trois points, tout en apportant les preuves des services qu'il a rendus à la Résistance.

Pierre a la rage, il n'a de cesse de vouloir laver son honneur (fierté corse oblige) et sortir de prison. Les lettres qu'il adresse à mon arrière-grand-mère sont en cela éloquentes. Heureusement pour lui, sa femme est particulièrement organisée. Pas à pas, elle va retrouver la trace de témoins clés, comme France Chambon, professeure de français, qui stockait et diffusait le journal interdit *Témoignages chrétiens*. C'est également Raymonde qui va élucider le mystère de la recommandation de Boemelburg.

17

Mars 1946

Presque dix minutes qu'il attend dans le couloir. Menotté et assis sur une chaise, Pierre a du mal à rester en place. Il savait que ce jour viendrait, il en serait même content si l'anxiété ne prenait le pas sur les autres émotions.

Il a peur de ne pas y arriver. Pour Louis Lagarrigue, Pierre sera toujours l'un des flics qui l'ont fait déporter. Et cela marque Pierre au fer rouge. Ce dernier ne pourra jamais se laver de la culpabilité, jamais. Il ne pourra jamais défaire les deux années que le résistant a passées dans l'enfer du camp de Mauthausen, en Autriche. Un camp destiné aux prisonniers politiques, à ceux que le Reich ne voulait jamais voir libérés.

Pierre veut entendre la version des faits de Louis Lagarrigue. Surtout, il veut que le résistant entende la sienne. C'est probablement égoïste, mais c'est nécessaire à sa libération. Et pour sa conscience, également. Il souhaite lui faire comprendre qu'il n'avait pas le choix, qu'il devait avant tout sauver sa propre peau. Que son arrestation est tragique, mais que Pierre a aidé d'autres personnes. Et qu'il n'aurait pu aider personne si sa hiérarchie avait découvert qu'il sabotait parfois ses enquêtes.

Un mouvement sur le côté capte son attention. Son avocat, maître Casanova, entre dans le couloir et vient se présenter directement devant lui, ignorant les agents autour de lui.

— *Bonghjornu*, Pierre.

Pierre se lève et serre à deux mains, menottes obligent, celle tendue par l'avocat. Maître Casanova s'assied sur la chaise à côté, pose sa serviette en cuir sur le sol et son dossier rempli de feuilles volantes sur ses genoux. Pierre le scrute du coin de l'œil. L'avocat respire fort, une goutte de sueur coule le long de sa tempe. C'est qu'il fait beau, dehors, malgré la fraîcheur du mois de mars. Pierre l'a remarqué en sortant du camion qui l'a amené depuis la prison de Fresnes. Et l'avocat devait être pressé, comme souvent.

La porte devant eux s'ouvre soudain. Un homme d'environ trente ans les invite à entrer. Maître Casanova vient lui serrer la main rapidement et se présente.

— Enchanté, monsieur Lambourg. Vous êtes le commis-greffier, c'est bien ça ?

S'ensuit un échange de banalités que Pierre n'écoute pas. Il est plus intéressé par ce qui se trouve derrière la porte. La possible clé de sa délivrance. Le trio, suivi d'un des policiers, s'engouffre dans la pièce.

Il s'agit en réalité du bureau du juge. M. Pérez, juge d'instruction auprès de la cour de justice du département de la Seine. Celui-ci est assis à son bureau, noyé derrière plusieurs piles de dossiers. Il porte un costume propre, de bonne facture. Il salue les nouveaux arrivants et les invite à s'asseoir.

Non loin, une machine à écrire est posée sur une petite table. Pierre s'installe devant le juge, près d'un homme qu'il reconnaît instantanément.

Louis Lagarrigue a bien changé, en quatre ans. Ses pommettes sont désormais saillantes, ses joues creusées. Des rides marquées parcourent le coin des yeux de l'ancien résistant. Et son regard est froid, dur. Le regard de ceux qui ont vécu l'horreur. Ses yeux transpercent Pierre jusqu'à lui serrer le cœur.

Les deux hommes ne sont ni face à face ni côte à côte. Une sorte de trois-quarts qui leur permet de s'éviter du regard s'ils le veulent. Mais Louis fixe Pierre, sans sourciller. *C'est lui qui m'a condamné aux camps.*

Maître Casanova s'installe non loin derrière Pierre, tout comme le policier qui les a accompagnés à l'intérieur.

La voix du juge est grave, il parle distinctement.

— Nous venons d'entendre M. Lagarrigue et sa version des faits sur son arrestation en novembre 1942. Monsieur Fratani, nous aimerions entendre la vôtre.

Pierre hoche la tête et jette un dernier coup d'œil vers Louis, qui ne l'a pas lâché du regard. Après avoir juré de « dire toute la vérité, rien que la vérité », Pierre entame son récit, insistant sur le fait que sa présence le jour de l'arrestation à Garches avait été unc contrainte et non une volonté délibérée de sa part. Il narre le moment où, lorsque Charles Plouard l'a laissé seul pour aller déjeuner, Pierre a demandé au propriétaire de la villa, Robert Diou, comment prévenir Louis Lagarrigue de la surveillance. Il détaille la façon dont Mme Diou a couru les avertir qu'on se battait à la villa. Et surtout, Pierre raconte comment il a ralenti le pas pour laisser le temps à Lagarrigue de s'enfuir.

— M. Lagarrigue affirme que c'est vous qui avez procédé à la fouille, embraie le juge d'instruction.

— Une fois sur les lieux, j'ai vu Plouard qui maintenait Lagarrigue à terre, et c'est à ce moment-là que j'ai fait la fouille.

— Et vous avez trouvé une arme ?

— Oui.
— Que vous n'avez pas cachée ?
— Non. Je pense que Plouard m'a vu prendre l'arme, c'est pourquoi je n'ai pas pu la cacher comme me le demandait Lagarrigue. D'ailleurs, cette arme a été réclamée peu après lorsque nos chefs sont arrivés, vraisemblablement avisés au téléphone par Plouard.

Le cliquetis de la machine à écrire retentit dans la pièce tandis que le commis-greffier transcrit la conversation. Pierre perçoit la tension de Lagarrigue, même si celui-ci ne montre aucune réaction. Les bras croisés, il fusille Pierre du regard. Il rêve sans doute de hurler, haut et fort, comme il y a quatre ans : « Vive la France, à bas la police au service des Allemands ! »

Le juge reprend.

— Avez-vous demandé à M. Lagarrigue des noms, des adresses, et de signaler des dépôts d'armes contre des avantages ?

— Je ne me souviens pas avoir demandé cela. Ce n'était d'ailleurs pas moi qui étais chargé de l'affaire à ce moment-là, puisque j'étais au service judiciaire et non aux affaires politiques.

— Fratani m'a bien tenu ces propos, intervient Lagarrigue.

À ces mots, Pierre se fige et garde le silence quelques secondes. Il doute, ne sait plus. Cette période est si floue, c'était il y a longtemps. Il serre ses mains fort, ses articulations blanchissent. Il se souvient surtout de sa réticence à être là. Aurait-il joué le jeu des autorités de Vichy pour en finir plus rapidement avec la journée ? Ou voulait-il sauver sa peau, éviter que ses supérieurs ne le soupçonnent de saboter ses enquêtes ? Pierre gigote sur sa chaise.

— C'était peut-être à cause de la présence des agents, pour leur donner le change, dit-il.

Il hésite, balbutie presque. Lui qui voulait se montrer confiant, c'est raté. Il commence à regretter le moment où il a finalement décidé de ne pas s'enfuir en Corse.

— Plouard n'était pas là lorsque j'ai demandé à Fratani de cacher le revolver, et je lui ai fait cette demande dès qu'il l'a trouvé sur moi, répond Louis Lagarrigue.

Pierre ne sait pas quoi répondre. Il ne peut que regarder sans réagir, comme bloqué.

Lagarrigue continue. Il a revu Robert Diou dernièrement, et l'a questionné sur son arrestation.

— Il m'a simplement dit que Fratani lui avait confié n'avoir ni arme, ni menottes. Il n'a pas évoqué de propos que lui aurait tenus Fratani visant à me faire prévenir afin que je puisse m'enfuir.

Le juge d'instruction hoche la tête tandis qu'il prend des notes, tout comme le commis-greffier.

Pierre sent la frustration monter en lui. Il ne veut pas passer pour un menteur, et surtout pas pour un collabo. Mais sa voix pèse bien moins que celle d'un résistant, un déporté, un survivant. Pourquoi n'arrive-t-il pas à se défendre ? *J'ai fait comme j'ai pu !* Pierre voudrait hurler, renverser la table. *Vous auriez fait quoi, à ma place, hein ? Exactement pareil !*

Mais il se tait. Et le cliquetis de la machine à écrire s'arrête.

— On interrogera Robert Diou directement.

Avril 1946

Pierre se retrouve dans le même couloir, avec la même tenue, les mêmes menottes, à attendre de se confronter à des versions partielles de la vérité. Il ne pense pas la détenir en entier non plus, mais il n'a pas tort, ça, non. Il n'a pas sciemment condamné un résistant à l'enfer sur Terre. Même les autres personnes présentes ce jour-là le reconnaîtront. *Ils doivent le reconnaître*, songe Pierre frénétiquement. La confrontation à venir continue de le terrifier. Le mois dernier, il était sorti de la salle défait. *Collabo.*

Son conseil est arrivé avant lui, cette fois-ci. Maître Casanova l'attend, assis sur une chaise. Pierre remarque la présence d'un autre homme, plutôt jeune, un peu plus loin. Il doit se concentrer quelques secondes pour reconnaître son visage. Robert Diou, le propriétaire de la villa où Louis Lagarrigue a été arrêté.

Mis à part quelques cernes qui parcourent ses traits, il semble plutôt en forme. D'un hochement de tête, il salue Pierre, qui lui répond par un sourire. Robert Diou ne vient pas pour autant lui serrer la main. *Peut-être la présence des policiers*, se dit Pierre, *ou des menottes. Ou alors, il ne veut pas être associé à un ancien policier emprisonné pour soupçon d'intelligence avec l'ennemi.*

Des bruits de pas retentissent derrière lui. Pierre se retourne et voit Louis Lagarrigue marcher dans sa direction. Il l'ignore, lui passe devant et se dirige directement vers Robert Diou pour le saluer. Les deux hommes se serrent la main et échangent quelques mots, que Pierre ne discerne pas. Une drôle de sensation naît dans son estomac, comme une gêne. Conspirent-ils pour le maintenir derrière les barreaux ? S'assurent-ils d'avoir un dossier suffisamment à charge contre lui ? Pierre se sent seul face à eux. Pire, il se sent jugé, déjà condamné. *Ils alignent sûrement leurs déclarations*, soupçonne-t-il. Alors que lui n'a que lui-même, et son avocat, pour se défendre.

Des voix s'élèvent à nouveau. Le commis-greffier, M. Lambourg, avance en discutant avec un homme. L'inspecteur Charles Plouard.

— On vous invitera à entrer dans la salle lorsque ce sera votre tour de témoigner, explique M. Lambourg.

Plouard acquiesce et s'arrête non loin de la porte. Un possible allié de Pierre ? *Jamais !* Les quatre hommes se toisent réciproquement en silence, jusqu'à ce que Plouard aille s'asseoir.

Une colère soudaine monte en Pierre à la vue de son ancien collègue. *C'est lui qui l'a arrêté, pas moi*, voudrait-il hurler. Et pourtant, c'est Pierre qui se retrouve limogé, arrêté et emprisonné. Charles Plouard reste inspecteur de police pendant que des codétenus crachent dans la pitance de Pierre. Il prend une grande inspiration. Il refrène une urgente envie de s'élancer vers Charles et de lui coller son poing dans la figure.

M. Lambourg salue chacune des personnes d'un hochement de tête avant de disparaître dans le bureau du juge. Il ressort quelques minutes plus tard et invite d'abord Robert Diou à entrer.

La porte se ferme, Pierre s'assied enfin à côté de son avocat. La silhouette de maître Casanova le cache quasi entièrement de Lagarrigue et Plouard. Pierre en est un peu soulagé, il accueille même ce répit avec joie. Il a presque hâte d'être seul, de retour dans sa cellule, même s'il doit se confronter à leurs témoignages pour espérer être libéré un jour.

Il ne faut que quelques minutes pour que Pierre soit, lui aussi, invité à entrer. M. Lambourg lui désigne une chaise où s'asseoir, et Pierre s'exécute, puis prête serment. Le policier qui le garde s'est placé non loin derrière lui. Maître Casanova également.

La salle est agencée de manière assez similaire à la précédente confrontation, avec davantage de chaises. Sur le bureau du juge, les piles de dossiers et de feuilles volantes ont grandi. Une véritable mer de paperasse envahit la table.

Pierre explique à nouveau comment s'est déroulée la journée.

— L'inspecteur Fratani m'a bien demandé de lui dire si je voyais arriver Lagarrigue, confirme le propriétaire de la villa. Mais je ne me souviens pas qu'il ait ajouté que c'était pour le prévenir.

Robert Diou explique la situation calmement, en faisant attention à chaque mot qu'il utilise.

— Il m'a également demandé si je voyais ses camarades, je ne puis dire dans quel but. Par contre, il est exact que, lorsque nous sommes revenus à la villa, il nous a dit de ne pas nous presser. De mon côté, je cherchais du regard des camarades de Lagarrigue pour pouvoir l'avertir. Malheureusement, je n'ai vu personne.

Le juge et le commis-greffier hochent tous les deux la tête. Après avoir terminé de taper la réponse de Robert Diou, M. Lambourg se lève et ouvre la porte à nouveau. Louis Lagarrigue entre alors dans la salle, s'assied, et prête serment.

— Je persiste à déclarer que l'inspecteur Fratani a procédé à la fouille après le départ de l'inspecteur Plouard.

— Il est exact que l'inspecteur Plouard ne se trouvait pas là lors de la fouille, ou du moins que, étant en train de rajuster ses vêtements, il ne pouvait surveiller celle-ci, confirme Robert Diou.

Pierre essaie de ne rien laisser transparaître, de se montrer le plus calme possible. Mais au fond, il trépigne. Exactement la même sensation qu'un mois plus tôt. Sauf que cette fois-ci, ce n'est plus une voix contre l'autre, aussi impactante la voix de Lagarrigue soit-elle. Cette fois, il est seul contre deux.

Et bientôt, seul contre trois.

— Je jure de dire toute la vérité, rien que la vérité.

Charles Plouard s'est assis sur la dernière chaise de la pièce. Le commis-greffier lui fait la lecture des déclarations précédentes.

— Il est exact que, en accord avec moi, l'inspecteur Fratani a accompagné M. Diou au terrain de football pour voir si Lagarrigue ne s'y trouvait pas. Lorsqu'il est revenu, Lagarrigue était maintenu par moi et déjà maîtrisé.

Pierre sent une pointe d'espoir se raviver dans sa poitrine, il hoche la tête vigoureusement. Peut-être n'est-il pas si seul, finalement. Et après tout, Plouard est bien celui qui a mené l'arrestation, même s'il demeure libre et sans soupçon.

Plouard poursuit.

— J'ai demandé à Pierre Fratani de fouiller le suspect car je m'étais aperçu qu'il avait tendance à porter ses mains vers ses jambes. De fait, l'inspecteur Fratani a trouvé un petit revolver dans la chaussette de Lagarrigue. Bien que je puisse me douter de l'existence de cette arme, Lagarrigue ne s'en était pas servi et je ne l'avais pas vue. Au cours de la lutte, il y a eu un coup de feu : il est parti de mon propre revolver.

— Effectivement, je ne me suis pas servi de l'arme que l'inspecteur Fratani a trouvée dans ma chaussette.

Lagarrigue se tourne alors vers Pierre, le regard accusateur.

— Il a refusé de faire disparaître l'arme alors que je le lui avais demandé. D'une façon plus exacte, il m'a répondu évasivement.

— Au moment où Fratani a trouvé l'arme, quand M. Lagarrigue lui a demandé si on ne pouvait pas la faire disparaître, il a répondu qu'il n'était pas seul, intervient Robert Diou.

Le soulagement envahit Pierre. Enfin, quelqu'un qui dit la vérité. Enfin, quelqu'un qui reconnaît ce qui s'est vraiment passé. *Vous voyez ! Je n'avais pas le choix. Lui ou moi.*

— À ce moment-là, je rajustais mes vêtements dans la pièce d'à côté, explique Plouard.

— C'est exact, confirme Lagarrigue.

Le cliquetis de la machine à écrire se poursuit quelques secondes, comblant le silence des quatre hommes. Pierre en profite pour exposer une nouvelle fois sa version des faits. Il est déterminé à se faire entendre, à prouver son innocence.

— Comme je l'ai déclaré le 7 mars dernier, il m'aurait été difficile de dissimuler l'arme, d'autant que celle-ci m'a été réclamée par mes chefs dès leur arrivée. Je ne sais comment ils ont été prévenus.

— Je crois que j'avais fait prévenir la brigade soit par l'intermédiaire de M. Diou, soit par une autre personne, réfléchit Plouard. En tout cas, nous n'avions pas parlé du revolver, mais il est très vraisemblable que le chef de la brigade l'ait réclamé parce qu'il se doutait que M. Lagarrigue serait armé.

Robert Diou fronce les sourcils. Il ne voudrait pas donner l'impression d'avoir collaboré aussi, ou vendu un résistant aux forces de l'ordre. Témoigner, oui, mais pas à ses dépens. Il doit être le plus précis possible sans pour autant donner l'impression qu'il a lui-même trahi la France.

— Je ne me souviens pas avoir prévenu la brigade de la Sûreté nationale. Je crois que c'est la concierge qui l'a fait. De toutes les façons, lors de l'arrivée des chefs policiers, le revolver a été réclamé par eux.

Pierre sent que c'est à nouveau son tour de participer au ballet des témoignages. Il doit avoir le dernier mot, terminer sur une note positive. Montrer qu'il n'est pas le méchant de l'histoire, juste un homme qui a fait comme il a pu.

— Je tiens à vous préciser que j'ai été réprimandé par le chef de service pour n'avoir pas été présent lors de l'arrestation.

— Je ne me souviens pas de cela… Si c'est vrai, j'aurais certainement pris sa défense car je lui avais donné mon accord pour qu'il s'absente, ajoute Charles Plouard.

Les deux anciens collègues se regardent. Pierre devrait sûrement lui être reconnaissant de corroborer ses propos et de l'aider à s'en sortir. Mais il n'y arrive pas, la situation est trop injuste. Lui, en prison, et Plouard, libre et non inquiété… Il décide tout de même de hocher la tête. Une sorte de *merci* silencieux auquel Plouard répond de la même manière.

Le commis-greffier sort la feuille de sa machine et l'ajoute à la petite pile. Il fait ensuite lecture des déclarations. Chacun valide avant de signer le document, clôturant ainsi la confrontation.

Pierre rentre à la prison un peu plus léger. Certes, personne n'a pris ses responsabilités. Mais ils ont dépeint une scène similaire à ses souvenirs, confirmant ses dépositions précédentes, prouvant que, s'il n'a rien fait pour aider Louis Lagarrigue, c'est bien par nécessité, pas par manque de patriotisme. En fait, c'est une petite victoire que Pierre a remportée, il en est certain.

18

1946

Raymonde lisse sa jupe et replace une mèche de cheveux derrière son oreille avant d'ouvrir la porte du cabinet de maître Casanova. Pierre est plutôt content de son avocat. Il apprécie le fait de confier sa vie à un autre Corse. Une sorte de fraternité régionale tacite.

— Madame Fratani, entrez donc !

Maître Casanova l'accueille avec un sourire communicatif. Comme Pierre, il bouge avec une énergie joyeuse, presque dansante. Il l'invite à s'asseoir sur l'une des deux chaises devant le bureau.

— J'ai une bonne nouvelle ! On m'a communiqué un document qui peut tout changer.

Raymonde fronce les sourcils. Elle a beau avoir récolté nombre de témoignages en faveur de Pierre, la note de Boemelburg plane toujours comme une épée de Damoclès au-dessus de leur tête.

Maître Casanova lui tend quelques feuilles, liées par un coin en métal. Procès-verbal. Ministère de l'Intérieur.

— Mme Françoise Bar ? De qui s'agit-il ? s'enquiert Raymonde.

— Elle tenait une auberge à Douai. Pierre était un client régulier. Elle est corse aussi.

Raymonde parcourt des yeux la page de couverture avant de revenir sur Casanova. Il la regarde avec un petit sourire, les coudes posés sur le bureau. D'un hochement lent de la tête, il l'invite à lire.

Raymonde s'exécute presque à contrecœur. Maître Casanova a beau assurer qu'il s'agit d'une bonne nouvelle, elle ne peut s'empêcher de craindre le pire. Raymonde s'est presque faite à l'idée que son mari a été un élément zélé des renseignements généraux, à Douai. Qu'obsédé par l'idée de rentrer à Paris, il a été un bon agent pour les autorités allemandes. Les sourcils froncés, elle commence sa lecture.

> À l'époque de l'arrestation de nombreux communistes, Fratani [...] m'a fait connaître que mon mari, [...] prisonnier en Allemagne, figurait sur une liste de communistes et avait combattu dans les rangs de l'Armée républicaine espagnole contre Franco, ce qui était exact.
>
> Il m'engagea à faire partir mon fils Jean, alors âgé de 17 ans, car les Allemands l'avaient convoqué pour partir en Allemagne et que, du fait de l'exposition de mon mari, ils auraient pu l'inquiéter.

Les traits de Raymonde se détendent au fil de la lecture. Pierre prévenait. Malgré son poste aux renseignements généraux. Malgré son envie de rentrer à Paris. Il n'avait en fait pas perdu de vue qui il était, comme elle le craignait. Quel soulagement.

> De plus, il m'a également fait connaître qu'un nommé Delettrez, postier à Douai et ancien camarade de mon mari, figurait également sur une liste de communistes et m'invita à aller trouver celui-ci afin de lui faire connaître qu'il avait à faire disparaître tous objets qui auraient pu être

compromettants pour lui, notamment des tracts. Je suis donc allée voir Delettrez et l'ai mis en garde. Néanmoins, celui-ci ne prit pas mes observations au sérieux et fut arrêté deux jours plus tard par les Allemands.

Aussitôt après l'arrestation de Delettrez, Fratani me révéla qu'il avait effectué une démarche semblable à la mienne auprès de Delettrez et l'avait averti qu'il avait à se méfier des Allemands.

C'est tout ce que je puis vous dire concernant Fratani, et, à mon avis, celui-ci s'est comporté comme un bon Français en m'avertissant et en me chargeant d'avertir Delettrez.

Raymonde ne sait quoi dire. Fidèle à elle-même, elle ne laisse rien paraître. Les émotions doivent rester privées. Sa gorge est nouée. Elle repose lentement la feuille sur le bureau. Maître Casanova la regarde toujours. Devinant son émotion, il lui propose un mouchoir, qu'elle décline d'un geste de la main.

— Et la recommandation de Boemelburg ? demande Raymonde après avoir repris le contrôle de ses émotions.

— Cela reste la grande interrogation, répond-il. Elle va à l'encontre de tous nos témoignages. Mais celui-ci peut aider à la disqualifier.

Peut aider. Il n'en est pas sûr. L'avocat s'adosse à son fauteuil en soufflant. Son sourire a disparu.

— On sait qui a écrit la note ? poursuit Raymonde.

Maître Casanova fronce les sourcils et se redresse pour fouiller dans le dossier devant lui. Il met quelques minutes à trouver le document. La seule indication qu'il contient est l'en-tête du ministère de l'Intérieur.

— Je ne sais pas, mais je vais me renseigner. Je demanderai de l'aide à Hélène.

Raymonde se lève alors, mue par une détermination raffermie.

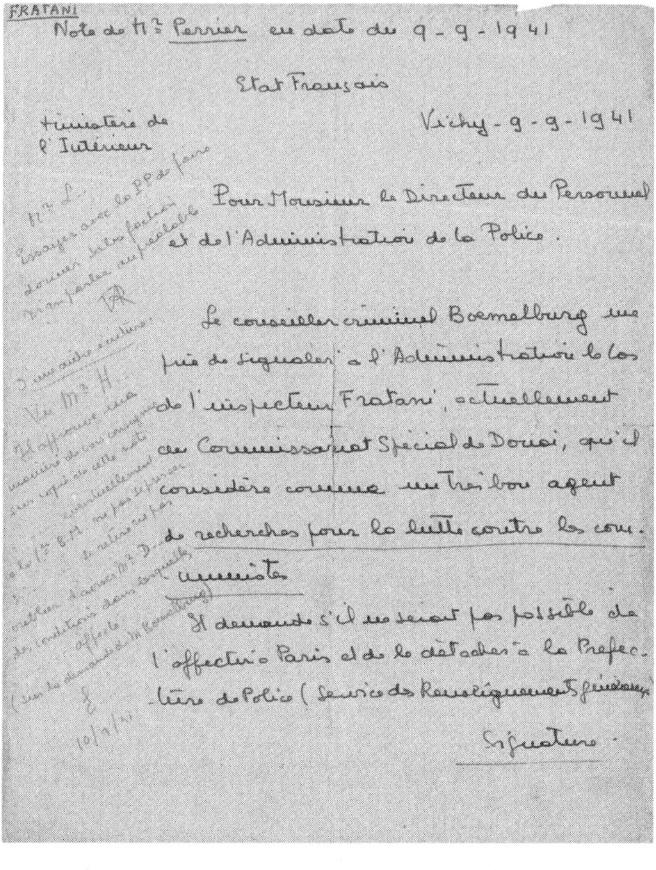
FRATANI

Note de M. Perrier en date du 9-9-1941

Etat Français

Ministère de l'Intérieur

Vichy-9-9-1941

Pour Monsieur le Directeur du Personnel et de l'Administration de la Police.

Le conseiller criminel Boemelburg me prie de signaler à l'Administration le cas de l'inspecteur Fratani, actuellement au Commissariat Spécial de Douai, qu'il considère comme un très bon agent de recherches pour la lutte contre les communistes.

Il demande s'il ne serait pas possible de l'affecter à Paris et de le détacher à la Préfecture de Police (Service des Renseignements généraux).

Signature.

Copie de la note du 9 septembre 1941 dans laquelle un certain Perrier signale au directeur du personnel de la police que le conseiller criminel Boemelburg considère l'inspecteur Fratani comme un « excellent agent de recherche contre les communistes ».

— Pouvez-vous me transmettre l'information lorsque vous l'aurez ?

L'avocat hoche la tête.

Juillet 1946

Raymonde n'en croit pas ses yeux. Enfin, une partie du mystère se lève. Hélène Campinchi lui a tendu la feuille, que Raymonde a prise délicatement dans les mains. C'est la note originale, rédigée en allemand. Avec la signature de l'auteur : « A. Perrier ».

— Écrivez à ce monsieur Perrier, enjoint maître Campinchi. Il faut le convaincre d'expliquer d'où vient cette note de Boemelburg.

L'avocate a des cheveux foncés marquant ses traits, de larges cernes sous les yeux et le regard décidé. Raymonde est toujours impressionnée en allant la voir. Hélène Campinchi a été résistante, et entame maintenant sa vie en politique. Rien ne semble arrêter cette femme, bientôt quinquagénaire. Il y a une forme de reconnaissance entre ces deux femmes à l'avant-garde de leur profession. Elles sont faites du même bois.

Raymonde ressort de cette entrevue énergisée par la détermination de l'avocate. Et avec une adresse en main. Le 34 avenue Niel, dans le XVIIe arrondissement de Paris. Raymonde est repartie avec une copie de la note originale, qu'elle a bien l'intention de glisser dans l'enveloppe, avec une lettre adressée à ce monsieur Perrier.

Et la réponse ne s'est pas fait attendre. À peine deux jours.

Raymonde remonte vers son appartement, le courrier précieusement rangée dans son sac. Elle n'a pas osé l'ouvrir au travail, de peur d'être émue par ce qu'elle lirait. Depuis l'arrestation de son mari, elle fait envoyer toutes ses correspondances au laboratoire pour être sûre qu'elles ne tombent pas entre des mains inopportunes. Pierre et elle soupçonnent leur concierge de les avoir à l'œil. Raymonde se presse, un peu haletante. Elle a marché vite pour rentrer : il ne lui a fallu que quarante minutes pour faire le trajet, contre cinquante d'ordinaire. Elle a déjà bien chaud.

Installée à la table dans la cuisine, elle pose l'enveloppe et la fixe. Des sentiments contradictoires se bousculent en elle. Espoir et crainte se mêlent en un tourment glaçant. Et si la réponse accablait encore plus son mari ? N'y tenant plus, elle saisit son couteau ouvre-lettres et coupe d'un coup maîtrisé le haut de l'enveloppe. Elle en sort une longue lettre qui lui est adressée.

Tremblante, elle parcourt d'abord rapidement le contenu, s'arrêtant brièvement sur « je ne connais pas M. Fratani », « ce fonctionnaire était "persona grata" auprès des Allemands » et « mutation administrative ». La panique monte en elle. « Persona grata »… Qui a la faveur des Allemands ! C'est tout ce qu'elle craignait.

Raymonde réprime son angoisse et prend une grande inspiration. Elle se plonge ensuite sérieusement dans la lettre.

Vous me demandez si je peux vous indiquer dans quelles conditions j'ai établi en 1941, une note concernant votre mari, l'Inspecteur de Police Fratani. […]

Je ne connais pas M. Fratani, je ne l'ai jamais vu. Je n'ai pas de souvenir particulier de cette note, mais, d'après le texte, celle-ci est une des nombreuses « Notes de Service » que sur les sujets les plus divers j'avais à adresser à mon administration. […]

Perrier détaille ensuite le « processus normal d'établissement et de transmission de ces notes de service ». Leur but initial : permettre la communication entre les zones occupées par l'Allemagne et les zones libres, où était installé Vichy.

Doyen des contrôleurs généraux des services de Police, désigné pour diriger ce bureau, j'avais mission de voir hebdomadairement le Chef de service allemand qui avait dans ses attributions la surveillance de la Police Française.

Cette phrase l'interpelle. Lire noir sur blanc que la police était surveillée saisit Raymonde. Elle avait observé l'inquiétude de son mari durant la guerre. Pierre se sentait en danger permanent. Dans la gueule du loup, le pistolet collé à la tempe. La peur le tenait éveillé la nuit. Qu'un agent témoigne directement de cette surveillance, un agent l'ayant vue à l'œuvre qui plus est, rend cette peur très concrète.

Je devais [...] prendre note des demandes administratives présentées par les Allemands afin d'en informer mon administration.
Je prenais note manuscrite de ces demandes, reproduisant les termes mêmes dans lesquelles elles m'étaient exprimées ou dictées. Je les faisais ensuite transcrire en notes dactylographiées au cours de séjours périodiques que je faisais à Vichy. [...]

Perrier n'était donc que le messager au service du chef de la Gestapo. De Karl Boemelburg lui-même. Raymonde éprouve soudain une grande jalousie envers cet homme. Lui, il n'est pas menacé par un procès. Ou plutôt, il a été lavé de toute accusation. Une affaire classée en décembre 1945, à peine six mois plus tôt. Comme elle l'envie ! Comme sa vie doit être calme désormais !

La note concernant M. Fratani [...] reproduit forcément les termes dans lesquels elle m'a été dictée et ne constitue pas une sollicitation directe ou personnelle du chef de service Allemand. Je n'aurais pas manqué, dans ce cas, de la rapporter en d'autres termes.

Raymonde s'arrête quelques secondes. Pas une sollicitation directe ou personnelle ? La note qui fait référence à Boemelburg laisse pourtant penser que le chef de la Gestapo lui-même approuve le travail de Pierre. Il n'en serait rien ?

Elle fait partie des nombreuses notes de service que j'ai eu à établir au cours de l'année 1941, pour transmettre les demandes allemandes concernant soit des mutations d'inspecteurs ou commissaires, soit des augmentations ou des diminutions d'effectifs vacants, soit des agréments ou des refus à la désignation de titulaires, sans que jamais les motifs réels des demandes me soient fournis.

Raymonde a du mal à croire ce qu'elle lit. En fait, il ne s'agirait que d'une formule administrative pour changer Pierre de poste ! Rien à voir avec son travail. Raymonde n'avait pas bien lu la lettre et s'était complètement fourvoyée. L'étau qui comprime son cœur se desserre. Enfin, elle respire.

De l'appréciation qui est consignée dans la note concernant M. Fratani ne saurait résulter la conviction que ce fonctionnaire était « persona grata » auprès des Allemands : ceux-ci s'étaient en effet aperçus que l'administration opposait la force d'inertie pour ne pas donner suite à leurs requêtes, surtout que celles-ci signalaient que tel fonctionnaire ne faisait pas l'affaire à un poste donné. Les Allemands avaient trouvé plus expédient – lorsqu'un inspecteur ou commissaire les gênait à tel ou tel poste – de le signaler à l'administration comme devant être mieux utilisé ailleurs en raison de ses compétences techniques particulières.

À nouveau, Raymonde s'arrête pour essayer de rassembler les pièces du puzzle. La note de Boemelburg aurait juste été un moyen de virer Pierre de Douai ? Non pas un éloge de ses exploits, mais bien une façon de l'éloigner d'un poste pour lequel il n'était pas voulu ? Le soulagement la gagne.

Le fait que la note de M. Fratani, transcrive une appréciation des Allemands sur les aptitudes professionnelles de cet inspecteur ne prouve donc pas que les Occupants aient eu à se louer de lui ou qu'ils aient voulu récompenser des services rendus à Douai ou utiliser son concours dans un autre poste. Ils avaient, dans ce cas, d'autres moyens d'imposer leur volonté. Mais la note prouve que les Allemands avaient incontestablement le désir de faire partir M. Fratani de Douai par le procédé normal de mutation administrative.

Veuillez, Madame, agréer l'expression de mes sentiments distingués.

Signé : A. Perrier.

Raymonde relit plusieurs fois la lettre pour s'assurer qu'elle a bien compris ces explications et bien pris la mesure de ce qu'elles impliquent. Pierre est blanchi des soupçons relatifs à son poste à Douai !

Pleine d'énergie, elle cherche rapidement une feuille de papier et s'emploie à recopier la lettre aussi proprement que possible. Demain, lorsqu'elle sera à la Compagnie française de raffinage, elle la tapera à la machine à écrire. Pour l'instant, cela suffira. Elle l'enverra ensuite à l'avocat pour compléter le dossier de Pierre.

19

Pierre reste un an en prison, à attendre un procès qui, finalement, ne viendra jamais. Cette année lui permet de monter le dossier de sa défense, de rassembler les preuves nécessaires, avec l'aide de sa femme, Raymonde, et de sa sœur, Xavière.

Les éléments apportés sont suffisamment probants pour que le juge d'instruction, M. Medjian, abandonne les poursuites et prononce une ordonnance de non-lieu. Cela signifie que les éléments laissant penser que Pierre aurait collaboré sont insuffisants. Ses liens avec Forgues sont flous, mais ne démontrent rien. L'explication fournie par M. Perrier concernant la recommandation de Boemelburg suffit. Et, concernant l'arrestation de Lagarrigue, le juge conclut :

> Fratani ne paraît pas avoir pris part très active à cette opération. Il est en tout cas certain qu'à cette occasion, il n'a manifesté aucun zèle et fait preuve d'aucune initiative susceptible de faire retenir ce fait à son encontre.

Le juge a aussi probablement été sensible aux nombreux témoignages positifs récoltés par Raymonde. Pierre est, a priori, tiré d'affaire. Mais cette libération n'est pas sans ambivalence. Il est toujours révoqué sans pension, et il n'est pas à proprement parler innocenté.

Paranoïa ou clairvoyance, sitôt sorti de prison, il part s'installer bien loin de la commission d'épuration, dans le Sud de la France. Et bien loin de sa famille.

Toulon, le 10 décembre 1946

Malgré la fièvre, Pierre se lève et se dirige vers son bureau. Trop longtemps qu'il n'a pas eu de nouvelles de Raymonde. Il ne tient plus. Il saisit faiblement son cahier et sa plume.

Chérie,

As-tu reçu ma lettre du 8 dans laquelle je te dis que depuis mon retour de St-Tropez, je suis grippé – aujourd'hui, je suis encore au lit avec de la fièvre.

Je constate avec amertume que tu ne parais pas avoir une vision claire de la question qui nous préoccupe. Aussi, ton acharnement à ne pas vouloir accepter ma façon de voir.

Pierre souffle en écrivant. Sa jambe tremble, alimentant sa nervosité constante et sa fièvre. *Comment ne peut-elle pas comprendre qu'ils veulent encore ma peau ?* Pour son épouse, leurs tracas sont finis. Elle n'a pas peur, malgré une nouvelle convocation de la préfecture de police. Elle ne voit que les joies de Noël, la venue de ses parents et celle de leur Nini. Celle-ci a six ans, maintenant. Qu'il aimerait les voir tous, prendre sa fille dans ses bras, être dans la joie. Mais la peur de retourner en prison le taraude. Son dossier a beau avoir été classé, il a beau ne pas avoir été frappé d'indignité nationale, Pierre est sûr qu'on lui court encore après.

Tu te représentes la scène, chérie, et la tête surtout, de ma petite nini. Puis mon retour là-bas (Fresnes) avec la pensée qui me torturerait sans cesse d'avoir jeté le trouble, l'angoisse et la souffrance parmi ceux qui ne le méritent pas. Je préfère ne pas venir pour le moment et souffrir. Oh, pas pour longtemps. J'ai un plan pour régler mon retour.

Il sait l'embarras dans lequel il met sa femme. Elle a tenu son emprisonnement le plus secret possible. Elle n'a pas parlé de sa fuite dans le Sud. *Elle a honte de moi.* Pierre ne peut s'empêcher de le penser. Il n'a cependant pas le choix. Il ne *peut pas* retourner en prison. Il ne veut plus de cette humiliation publique. Une fois, il a choisi la justice. Cela suffit. Elle ne peut plus rien pour lui. Pire, elle en a encore après lui, il en est certain. Il ne peut que la combattre de l'extérieur de la prison. Et rester à Toulon. Au cas où. Pour être prêt à filer en Corse et à disparaître des radars.

Comme tu dis dans la lettre que tu seras en congé, ne pourrais-tu pas venir passer qq jours ici ? Je te demande cela bien timidement et je m'en excuse d'avance.

Si tu venais à Toulon, l'argent que tu dépenserais pour le voyage tu le gagnerais en étant nourrie. Puis tu peux te payer ce plaisir. Tu ne le regretteras pas. J'en suis sûr… Et de passer 8j ensemble ça ne compte pas, chérie ! Ici tu seras l'enfant gâtée !

Une porte se ferme bruyamment. Xavière est rentrée. Sa sœur, de presque vingt ans son aînée, le loge depuis quelque temps. Quasiment depuis sa sortie de Fresnes. Il entend ses pas sur le parquet. Elle entre dans la chambre de Pierre.

— *Aio !* Qu'est-ce que tu fais hors du lit ?

Comme à son habitude, elle porte une longue robe noire et austère. Ses cheveux noirs et frisés sont maintenus en un chignon bas désordonné. Avec l'humidité de décembre, des frisottis indomptables se dressent sur sa tête, comme une couronne. Ses traits sont durs, saillants. Elle fait presque peur.

— J'écris à Raymonde.

Xavière lâche une insulte en corse entre ses dents. Elle sait qu'il essaie de la persuader de l'existence d'un complot contre lui.

— Pierre, tu as tort. Raymonde a raison, elle est plus intelligente et plus instruite que toi et elle comprend mieux les choses… fais donc ce qu'elle te dit !

Pierre a une moue désapprobatrice.

— Mais laisse-moi écrire à ma femme !

Xavière lève les yeux au ciel et quitte la pièce. Pierre a beau être frustré de voir sa sœur et sa femme ainsi montées contre lui, il est quand même content que son aînée approuve Raymonde. Xavière apprécie peu de monde, encore moins les femmes. Une sorte de rivalité malsaine qui fait sortir le pire en elle. Elle n'est pas connue pour être une personne aimable, ou à l'écoute, bien au contraire. Elle parle franchement, dit ce qu'elle pense, aussi méchant que cela puisse être. D'ailleurs, Raymonde ne semble pas l'apprécier plus que ça.

Ça me comblerait de joie. Xavière aussi serait heureuse, crois-le bien. Elle est superbe. Je serai injuste de passer sous silence son attitude à ton égard. Certainement à ce que tu sais, elle ne tient pas à ce que je revienne dans la boîte. D'ailleurs, elle est toujours contre nos projets. Elle soutient avec ferveur ta thèse. Décidément, à ce sujet, tu te trompes et comment ? Vous êtes deux à m'exaspérer, elle verbalement, me harcèle.

Parfois, ma tête me paraît prête à éclater. Et toi, par écrit. Tu veux presque tj confirmer ce qu'elle me dit. Je me demande si vous ne correspondez pas ensemble.

Il n'a de cesse d'expliquer sa situation, encore et encore, mais personne ne semble le comprendre. Pourtant, Albertini lui a bien assuré qu'une enquête officieuse des renseignements généraux était en cours sur lui. Tout ça à cause de ce Comte[1]. Pierre est à peine lié à l'affaire, et les autres impliqués ne sont pas inculpés… C'est forcément un coup monté ! Une enquête qui sera à coup sûr amplifiée, aggravée, accablante. Qu'il ait été révoqué de la police n'arrange rien. Tout ira mieux quand il pourra retrouver son poste.

Voyons, Chérie, tu dois le comprendre. Comment pour le coup, il ne faut pas donner l'impression à la PP[2] *que je me dérobe à leur convocation. Or, comme tu leur a écrit que j'allais rentrer à la fin du mois et que je me présenterai aussitôt, il est nécessaire je crois de leur dire que je ne suis pas encore rentré.*

Dire que c'est à cause de ces salauds de la PP qu'il ne peut pas réintégrer la police ! Ils mettent en péril sa carrière. Lui mettent encore des bâtons dans les roues.

Va voir Hélène mardi. Tu peux faire allusion à cette affaire de la PP, en expliquant qu'il s'agit d'un témoignage, simplement. Dans tous les cas, après la réponse d'Hélène qu'il faut tâcher d'obtenir rapidement (pour te revoir vite chérie), nous

1. Une zone d'ombre que nous ne sommes pas parvenues à élucider. Ce nom, comme celui d'Albertini, n'apparaît dans aucun dossier passé entre nos mains, sauf dans cette lettre à Raymonde.
2. Préfecture de police.

pourrions en cas d'échec demander une réponse (par écrit) à mon rapport, et faire préciser les motifs de la décision. C'est précisément pendant que ces démarches se feront qu'il faut que je reste planqué. Tu comprends.

Pour le moment, nous ne nous trouvons pas encore au point culminant, cette phase ne sera atteinte qu'après l'intervention d'Hélène ou de ses amis.

Patience et courage. Nous triompherons ; tu seras heureuse. À y penser, j'ai le cœur gonflé d'espoirs. Qu'ils sont petits ces ennuis et ceux qui les exploitent à côté du bonheur qui nous attend.

Pendant près d'un an, Pierre séjourne à Toulon, chez sa sœur Xavière. Loin de sa femme, restée à Paris, et de sa fille, encore chez ses grands-parents. Il s'adonne au « négoce », explique-t-il dans une lettre à Raymonde, sans donner plus de détails. Mais ce qu'il veut par-dessus tout, c'est réintégrer la police.

Il fait donc un recours auprès de la commission d'épuration, demandant l'annulation de sa révocation sans pension. En lisant le long rapport de la commission, je comprends les raisons de son éloignement à Toulon. Je pense qu'il a eu du flair. À nouveau, la commission réinterroge tout : la note de Boemelburg, l'arrestation de Lagarrigue… et son lien avec Jean Forgues, pourtant peu évoqué dans son dossier classé par le juge d'instruction. D'après la lettre que Pierre a écrit à Raymonde et que nous avons pu consulter, un nouveau témoignage aurait été ajouté à son dossier, suffisamment menaçant pour qu'il craigne un retour à la case prison et envisage de sauter dans un ferry pour prendre le maquis sur son île natale. La fin de cette affaire conserve une part de mystère : Qui est ce Comte dont parle Pierre ? Y a-t-il vraiment un complot de la PP contre lui ? Son année derrière les barreaux semble l'avoir rendu paranoïaque, mais a-t-il foncièrement tort ?

Finalement, la commission d'épuration statue sur son cas en mai 1947.

> Après avoir pris connaissance du mémoire et des attestations joints au réquisitoire de non-lieu établi en faveur de M. Fratani, le 26 juillet 1946, par le commissaire du Gouvernement, près la Cour de Justice de la Seine,
>
> La commission considérant qu'au vu d'éléments nouveaux, aucun grief ne peut être retenu à l'encontre de M. Fratani,
>
> revient sur la proposition de révocation sans pension précédemment émise, et propose à M. le Ministre
>
> – la réintégration pure et simple de l'intéressé.

Pierre est réintégré dans la police en novembre 1947. Il redevient inspecteur de deuxième classe et rejoint la police de l'air et des frontières à l'aérodrome de Paris-Le Bourget. La suite de sa carrière est exemplaire, il n'a eu que d'excellentes notes et appréciations de la part de ses supérieurs.

Même si les enquêteurs de l'épuration n'ont rien trouvé de plus, je m'interroge encore. Combien y a-t-il d'affaires qu'il n'a pas coulées ? Combien d'autres arrestations aurait-il pu éviter ? Le simple fait que Pierre ait encore souhaité être policier après-guerre continue de me faire douter. Cependant, après les mois d'enquête que Gaëlle et moi avons menés, tâchant d'y voir clair parmi toutes ces ambivalences et toutes ces ambiguïtés, il me semble que la justice a été rendue dans le cas de mon arrière-grand-père. Sa réintégration ne me choque pas. D'autres m'apparaissent plus problématiques. L'épuration brutale mise en place au lendemain de la Libération a vite laissé place à la clémence et à l'oubli.

1947, Raymonde, Pierre et Alfida enfin réunis.

Deux lois successives, en 1951 et 1953, permettent l'amnistie de collaborationnistes condamnés à l'indignité nationale. À quoi s'ajoutent les recours et les annulations à la suite de contre-enquêtes de l'administration. Entre 1945 et 1954, 41 % des sanctions prononcées contre des policiers ont été annulées. Pour ce qui est du cas précis des révocations, 36 % ont été annulées.

Des policiers zélés sous Vichy ont donc été libérés, malgré leur rôle dans l'arrestation et la déportation de centaines de personnes. C'est le cas de Louis Sadosky, brigadier-chef des RG de la police parisienne. Un agent « exemplaire ». « Chasseur de Juifs » dévoué, qui, alors même qu'il savait que les Allemands exterminaient les Juifs dans le cadre de la solution finale, en a envoyé bon nombre à Drancy. Il explique après-guerre avoir toujours été animé par le désir d'être bien noté. Exemple extrême des ravages de la culture de l'obéissance.

S'il est condamné aux travaux forcés à perpétuité et à l'indignité nationale après la guerre, sa peine est réduite à dix ans en 1949, puis il est amnistié en 1953. Il sort de prison, libre.

Je découvre aussi le cas de Jean Bottreau. Comme Pierre, il a été révoqué sans pension à la Libération, puis a vu son affaire classée. On lui reprochait 150 arrestations, mais l'homme a attesté avoir sauvé des Juifs et rejoint un réseau de Résistance. Pourtant, en août 1942, peu de temps après la rafle du Vél' d'Hiv, Jean Bottreau et son collègue Farvacque contrôlent deux sœurs à la gare d'Austerlitz, à Paris. Sur leurs papiers, pas de tampon « Juif », mais leur nom de famille sonne étranger. Bottreau leur demande le prénom de leurs parents. « Bertrand et Pauline », répondent-elles. Des prénoms bien français. Les policiers les laissent à contrecœur monter dans le train.

Un peu plus loin, une femme d'âge mûr est à son tour contrôlée. La mention « Juif » est tamponnée sur sa carte d'identité, elle porte le même nom de famille que les deux sœurs. Il s'agit de leur mère. Bottreau et Farvacque auraient pu fermer les yeux. Mais non, ils montent dans le train, retrouvent les deux sœurs, les arrêtent et les envoient à Drancy après leur avoir fait avouer le nom de la personne qui a « lavé » leurs papiers d'identité. Seule l'une des sœurs, Lina, survivra[1].

Elle écrira ensuite au préfet de police, en 1945 : « La "France Libre" n'a nullement besoin des agents d'Hitler et de Pétain ni même de ceux qui sont rentrés dans la résistance pour ce laver de leur noirceur. » Après le classement de son affaire et sa réintégration, Bottreau rejoindra la DGER, la direction générale des études et recherches, l'ancêtre de la DGSE.

Les années passant, de nombreux policiers sont excusés par l'État, dédouanés de leurs actes de collaboration manifestes. La réintégration d'hommes comme Bottreau pose à elle seule la question de l'ambivalence du gouvernement vis-à-vis de sa police. L'un ne va pas sans l'autre. Au fond, comme Vichy, la Ve République a besoin de policiers obéissants, qui suivent les ordres sans se poser de questions. La suite de l'histoire le montre. La police parisienne, décorée de la Légion d'honneur par de Gaulle, a mitraillé, passé à tabac et jeté des Algériens dans la Seine le 17 juillet 1961. Ils obéissaient aux ordres de leur préfet, Maurice Papon, par ailleurs ancien préfet de la Gironde sous Vichy.

En mai 1968, le préfet de police Maurice Grimaud, qui avait pris la suite de Maurice Papon, a tenté d'insuffler une politique de désescalade, qui n'a malheureusement ni pris (sept personnes ont perdu la vie lors des manifestations

1. Jean-Marc Berlière, *Policiers français sous l'Occupation*, avec Laurent Chabrun, *op. cit.*

de mai 1968), ni marqué de tournant dans la politique du maintien de l'ordre. Dans une lettre, il s'est adressé à l'ensemble des agents de la PP le 29 mai 1968. Ses mots ont presque soixante ans, on aimerait qu'ils soient prononcés à nouveau de nos jours :

« Je m'adresse aujourd'hui à toute la Maison : aux gardiens comme aux gradés, aux officiers comme aux patrons, et je veux leur parler d'un sujet que nous n'avons pas le droit de passer sous silence : c'est celui des excès dans l'emploi de la force. Si nous ne nous expliquons pas très clairement et très franchement sur ce point, nous gagnerons peut-être la bataille sur ce point, nous gagnerons peut-être la bataille dans la rue, mais nous perdrons quelque chose de beaucoup plus précieux et à quoi vous tenez comme moi : c'est notre réputation.

[...] Mais là où nous devons bien être tous d'accord, c'est que, passé le choc inévitable du contact avec des manifestants agressifs qu'il s'agit de repousser, les hommes d'ordre que vous êtes doivent aussitôt reprendre toute leur maîtrise. Frapper un manifestant tombé à terre, c'est se frapper soi-même en apparaissant sous un jour qui atteint toute la fonction policière. Il est encore plus grave de frapper des manifestants après arrestation et lorsqu'ils sont conduits dans des locaux de police pour y être interrogés[1]. »

Il paraît impossible qu'un chef de la police tienne des propos similaires aujourd'hui. Caractérisée par sa culture de la force et de l'omerta, la profession s'est radicalisée, ne laissant aucune place au contradictoire. Les policiers font bloc. Rares sont ceux qui osent reconnaître publiquement l'anormalité des violences commises par leurs collègues, avec la complicité

1. Voir LEPRINCE, Chloé, « Violences policières : en fait, Mai 68 n'a pas été un tour de manège », Radio France, 7 avril 2023.

de leur hiérarchie, au risque d'être harcelés. Rares sont aussi les condamnations judiciaires ou disciplinaires.

Pourtant, le racisme systémique de la police française est largement documenté. Fin 2022, le comité pour l'élimination de la discrimination raciale des Nations unies écrivait, dans un rapport sur la police française, être « préoccupé par le recours fréquent aux contrôles d'identité », qui cible « de manière disproportionnée les membres de certains groupes minoritaires, en particulier les personnes africaines, d'ascendance africaine ou d'origine arabe, les Roms, les gens du voyage et les non-ressortissants ». D'après une enquête menée par le Défenseur des droits en 2016, les jeunes hommes perçus comme noirs ou arabes ont vingt fois plus de risques d'être contrôlés. S'ajoutent à cela les refus d'enregistrement de plaintes pour agression sexuelle ou violences conjugales, les manifestants mutilés pendant le mouvement des gilets jaunes, les tentes de migrants lacérées à Calais comme à Paris... La liste est longue.

Que ce soit en 1945 ou après, la police n'a pas été épurée de toute trace d'antisémitisme, de racisme, de sexisme et d'homophobie. Et d'autres publics se retrouvent aujourd'hui dans le viseur répressif, comme les militant·e·s écolos[1].

1. La répression de la manifestation contre le projet de mégabassine à Sainte-Soline en mars 2023 est significative également. D'après un rapport de la Ligue des droits de l'homme, c'est même « un exemple parlant du continuum répressif que le gouvernement applique de plus en plus à l'encontre des mobilisations écologistes ». 5 015 grenades lacrymogènes ont été tirées, soit environ une par seconde, des gendarmes montés sur des quads ont attaqué les cortèges sans sommation, et « emportées par leur récit guerrier, les autorités publiques ont choisi de ne pas secourir des blessé·e·s en détresse vitale ». Les organisateurs décomptent 200 blessé·e·s, dont 40 graves.

L'épuration n'a pas marqué de réflexion profonde sur le rôle de la police dans l'État.

D'après le politologue Fabien Jobard, directeur de recherche au CNRS et spécialiste des questions policières, que Gaëlle et moi avons eu l'occasion d'interviewer, la police française dispose même d'un pouvoir hors normes dans l'Europe de l'Ouest. Si bien qu'aujourd'hui, elle est presque intouchable : « La police a été utilisée par les politiques, et notamment par Nicolas Sarkozy, comme un instrument de conquête du pouvoir. Cette politisation a paradoxalement amené les gouvernements successifs à être dépendants des courants les plus radicaux dans la police. Ils s'en sont faits les otages. » Pour gouverner la police, Nicolas Sarkozy a favorisé la création d'Alliance Police nationale, syndicat majoritaire et radicalisé à l'extrême droite. Et quand on est « otage » d'un tel groupe, il devient « très difficile pour les politiques de peser sur la police », de faire en sorte qu'une autre institution soit possible.

Comment réformer la police quand l'État nie l'ampleur du problème ? Ou quand ses quelques demandes font l'effet de coups d'épée dans l'eau ? « Emmanuel Macron, au cours de son premier mandat, demande trois fois à la police d'adopter un plan de réforme de sa déontologie. À la suite d'un épisode de gilets jaunes, à la découverte en juin 2020 d'un groupe WhatsApp de policiers de Normandie qui échangeaient des propos racistes, après le tabassage de Michel Zecler. Trois fois, il ne s'est rien passé. »

Si la solution ne peut pas venir des institutions, un changement peut-il apparaître grâce à des actions individuelles ? Combien de policiers français se posent-ils aujourd'hui la question de l'obéissance ? Combien d'entre eux seraient aujourd'hui prêts à désobéir aux ordres moralement illégitimes d'un gouvernement autoritaire ? Ou d'une hiérarchie violente ? Certains – dont les grands-parents se targuent d'avoir résisté – sont désormais prêts à voter pour le Rassemblement national, parti fondé par d'anciens SS.

La question de l'obéissance, au cœur des préoccupations de l'épuration, a été immédiatement évacuée. Comme un pansement posé sur une plaie béante. *Circulez, y a rien à voir ! Le taf a été fait.* Vaste mascarade au regard des nombreuses réintégrations et amnisties. L'institution policière refuse de se confronter de nouveau à cette question, pourtant posée régulièrement par la société civile. Et c'est d'autant plus simple qu'elle est à la fois juge et partie de ses dérives, à travers l'IGPN[1]. On ne peut s'empêcher de remarquer le parallèle avec 1945 : l'épuration a été faite par la police sur la police.

Le devoir de mémoire ne se limite pas à la commémoration des héros de la Résistance. Il s'agit de rappeler que ceux qui ont mis en œuvre la répression de Vichy et du IIIe Reich sont bien M. et Mme Tout-le-Monde, qu'ils aient été policiers, concierges ou hommes d'État.

Il s'agissait surtout d'apprendre de leurs erreurs pour ne pas les reproduire. Malheureusement, nous avons laissé la xénophobie et la haine gagner du terrain et annihiler tous les efforts d'après-guerre.

Ce que nous a enseigné Vichy, il semblerait que nous l'ayons collectivement oublié.

---

1. Inspection générale de la Police nationale.

20

Juin 2024. Gaëlle et moi nous rendons chez ma grand-mère, dans le Sud-Ouest. C'est l'occasion de lui raconter nos découvertes et nos conclusions. Autour d'un verre de Lillet, Gaëlle et moi nous lançons dans le récit de notre enquête, à deux voix. Ma grand-mère écoute attentivement, hoche la tête, lâche des petits « humm ». Quand nous avons fini, elle reste silencieuse.

— Je ne sais pas trop quoi dire, je suis un peu…

C'est rare qu'elle ne sache pas quoi dire, elle qui a toujours une anecdote à raconter. Nous la laissons rassembler ses pensées. Quelques secondes passent, elle reprend :

— Ça me fait réaliser combien ça a dû être dur pour mon père de revenir à la normalité. Je me demande s'il y est vraiment revenu. Après avoir vécu ces deux périodes bien confuses, à la fois la guerre et la Libération… pendant lesquelles il a dû se battre pour simplement être et exister normalement, en essayant d'exercer son métier le moins mal possible. Il s'est retrouvé face à sa conscience. Comment ? Comment faire ? Comment agir ? Sans pour autant mettre sa vie en danger… C'est un choix difficile.

Ma grand-mère pèse ses mots. Elle parle lentement, comme pour être sûre de sa pensée.

— Comment vous souvenez-vous de votre père ensuite, quand vous venez vivre à Paris avec vos parents, et que lui rejoint la police du Bourget ? demande Gaëlle, qui n'arrive toujours pas à tutoyer ma grand-mère.

— Il était très fier de son travail. Et maintenant, je comprends mieux pourquoi. Ce poste, cette responsabilité, c'était quelque chose pour lui ! Je me rappelle quand il a reçu la médaille de la police – vous pourrez la voir tout à l'heure, elle est dans le couloir –, il m'a dit : « Tu vois, ça, ça vaut tout l'or du monde. » Il était très ému, c'était presque sacré pour lui de recevoir cette reconnaissance. C'était comme rétablir la vérité. Rétablir la dignité d'un homme, la dignité d'une fonction.

Je ne dis rien, il n'y a plus grand-chose à dire, à présent. Juste respecter l'émotion de ma grand-mère, qui a si longtemps douté de son père et qui comprend maintenant qu'elle peut baisser la garde. Je reverse un peu de Lillet dans nos verres. La conversation part dans une autre direction.

Le repas terminé, Gaëlle et moi faisons la vaisselle. Ma grand-mère s'approche alors de nous.

— Vous savez, avant, je voyais mon père en noir et blanc, dans des tonalités de gris. C'était presque un fantôme pour moi. Maintenant, grâce à vous, je le vois en couleur.

Les paroles fortes sont toujours prononcées dans les contextes les plus anodins. Mes mains sont plongées dans l'eau savonneuse, Gaëlle essuie une assiette. Nous avons toutes les deux les larmes aux yeux.

— Merci. Vous l'avez fait exister.

Épilogue

Corse, août 2024

À l'ombre du micocoulier, l'ordinateur posé sur la table de jardin en plastique, je regarde le champ en contrebas de la maison. Il est envahi de fenouil sauvage en fleur, un nuage vert et jaune lévite au-dessus de l'herbe brûlée par le soleil de la Méditerranée. Une brise aux odeurs de maquis et de figues fraîches me caresse le visage. Au loin, les montagnes, l'Aragnascu, le Monte Cachjoni. Je me perds dans la contemplation du rêve – fou – de mon arrière-grand-père.

À la fin des années 1950, Pierre a décidé d'investir dans des hectares de terres agricoles près d'Ajaccio. Le flic bientôt retraité se voyait agriculteur, au plus proche de sa terre natale. Personne n'a jamais compris cette dernière lubie, inachevée puisqu'il est mort un an à peine après sa retraite, laissant à sa fille des terrains trop grands et 250 brebis.

Je viens ici tous les étés – les rares et tristes exceptions m'ont laissé un goût amer dans la bouche. Un goût de manque, d'inachevé. J'ai besoin de retrouver régulièrement l'île de Pierre que je n'ose complètement appeler la mienne.

Si j'ai longtemps été fascinée par mon arrière-grand-père, c'est aussi pour ce lien à la Corse qu'il m'a transmis, pour ces murs et ces terres que nous avons hérités de lui. Comment aurais-je pu vivre ici en ayant honte de mon aïeul ? Accepter son héritage matériel sans identifier son héritage moral ? Il fallait y voir plus clair.

Les yeux perdus dans le paysage, je pense à Pierre et, pour la première fois, je me sens apaisée. Pierre n'est finalement pas un monstre. Je repense aux remerciements de ma grand-mère, qui nous ont tant touchées, Gaëlle et moi. Ce travail de recherche, c'était aussi pour elle, pour ma famille.

Pierre Fratani, l'homme que personne n'a osé regarder en face par peur de ce que l'on aurait pu lire en lui – l'obéissance, la violence, l'antisémitisme, la lâcheté, le fascisme –, était en fait bien ordinaire. Un homme qui n'a commis ni atrocité, ni immense acte de bravoure. Un homme qui a fait ce qu'il a pu, même si ce n'était certainement pas assez.

Je ne me sens plus obligée de racheter ses fautes, de laver mon honneur ou mon sang. Peut-être parce que je n'ai rien découvert de complètement atroce – il n'était en effet pas un policier zélé, comme je le craignais –, mais surtout parce que cette plongée dans sa vie sous l'Occupation a remis les choses à leur place. Document après document, à mesure qu'il prenait chair entre les petites lignes tapées à la machine à écrire, je me suis détachée de lui. Le sang qui coule dans mes veines n'est pas vicié, il n'est que le mien. Chargé de l'empreinte de mes ancêtres, certes, mais uniquement mien.

Aujourd'hui, Pierre ne me fascine plus. Il continue de m'intriguer, à distance. Comme un personnage qui a encore sa part d'ombre, impossible à dissiper, et son lot de mystères que je prendrai plaisir à résoudre plus tard. Ses actions et ses choix n'ont plus de prise sur moi. Je sais que je ne dois avoir pour lui ni honte, ni fierté. L'enjeu n'est pas là.

Seul compte ce que je ferai de son histoire.

Remerciements

Un immense merci à Gaëlle, sans qui ce livre n'aurait pas été possible. Merci de m'avoir accompagnée dans cette quête de mes origines, merci pour ton enthousiasme, ton opiniâtreté et tes réflexions. Je ne pouvais rêver meilleure partenaire d'enquête et d'écriture.

Merci à Camille, notre éditrice, qui est venue nous chercher pour ce projet et qui nous a fait confiance. Écrire un livre m'avait toujours paru un rêve inaccessible. Merci aussi à Ariane, qui a eu la bonne idée de nous mettre en lien.

Merci à ma grand-mère Alfida de nous avoir ouvert le chemin vers la recherche de la vérité, sans essayer de la travestir ou d'en arrondir les angles.

Merci à toutes celles et tous ceux qui nous ont accompagnées dans cette enquête, écoutées et encouragées, depuis le master de journalisme jusqu'à aujourd'hui. Et notamment Simon, Raphaël, Dominique, Élise, Maëlle, Antoine, Roméo, Adélaïde, Anne-Marie, Matthieu et Capucine.

Merci aux historien·ne·s qui nous en apprennent tant sur le passé, comme sur le présent. Merci aux résistant·e·s d'aujourd'hui, qui ont le cœur au bon endroit, un sens aigu de la justice et le courage de porter leurs valeurs dans l'action.

Bénédicte Gilles

Pouvoir me plonger dans cette histoire a été un privilège. Bénédicte, tu m'as ouvert l'accès à une part de ton histoire et m'as fait confiance alors qu'on se connaissait peu. Je ne te remercierai jamais assez pour cette opportunité, qui s'est transformée d'abord en l'une de mes plus belles amitiés, et ensuite en ce livre.

Alfida. J'étais une inconnue qui enquêtait sur votre[1] père. Au lieu d'être méfiante, vous m'avez accueillie les bras ouverts. Vous m'avez raconté vos souvenirs, vos peines, vos joies, votre nostalgie, et surtout votre amour pour l'humain et ses histoires. Sans vous, ce livre n'aurait sûrement jamais vu le jour. Merci infiniment.

Et je remercie également toutes les personnes qui nous ont encouragées et accompagnées :

Camille, notre éditrice. Tu nous as proposé ce projet inattendu d'adapter notre podcast en livre. Ça a été une incroyable surprise. Et surtout, tu nous as permis de pousser nos réflexions bien plus loin et d'approfondir ce récit.

Mes proches Gabrielle, Matthieu, Élise et Maëlle. Vous avez été encore plus enthousiastes que nous à l'idée qu'on écrive un livre. Vous avez été parmi nos premiers lecteurs. Votre aide et votre soutien ont été précieux.

Mes parents Isabelle et Alan. Pour m'avoir toujours poussée à ne pas lâcher l'affaire et à aller jusqu'au bout des choses.

Et merci à tous les experts qui nous ont accordé du temps pour répondre à nos questions, notamment Sylvie Zaidman, Jean-Marc Berlière, Fabien Jobard.

Gaëlle Sheehan

1. Un jour – peut-être – j'arriverai à vous tutoyer.

Bibliographie

ARTICLES DE PRESSE ÉCRITE

ABZOUZ, Yunnes, « Davantage "d'éditorialistes de droite et droite +" : la consigne de BFMTV à ses programmateurs », *Mediapart*, 19 juin 2024.

APETOGBOR, Clémence, « Droit à l'avortement : qu'est-ce que l'arrêt Roe *vs* Wade, qui a fixé le cadre légal de l'accès à l'IVG aux États-Unis en 1973 ? », *Le Monde*, 22 juin 2022.

DEBONO, Emmanuel, « L'étrange surprise de la célébration de Charles Maurras », *Le Monde* (blog), 27 janvier 2018.

GILLES, Bénédicte, « Harcèlement, racisme, sexisme : quand les violences sont perpétrées par des membres de la police », *Marie Claire*, 3 décembre 2023.

LASSERRE, Matthieu, « L'effroyable bilan de la rafle du Vél' d'Hiv », *La Croix,* 16 juillet 2022.

MONNERVILLE, Gaston, « Éloge de César Campinchi et Hélène Campinchi-Landry », *La Gazette du Palais*, 1er septembre 1978, p. 11-13.

PASCARIELLO, Pascale, « "Marre des raclures, des nuisibles, des jeunes d'origine étrangère" : le patron d'Alliance Police assume sa proximité avec le RN », *Mediapart*, 4 juillet 2024.

RIPA, Yannick, « Les Résistants de toutes les heures de Fabrice Grenard », *Libération*, 18 novembre 2021.

SLAVICEK, Marie et POMMIERS, Eléa, « Droit à l'avortement : quelles conséquences peut avoir l'annulation de l'arrêt Roe *vs* Wade aux États-Unis ? », *Le Monde*, 24 juin 2022.
WIEDER, Thomas, « "Un regard froid sur un système d'une perversité inouïe". Entretien avec Laurent Joly », *Le Monde*, 17 décembre 2009.
« Au Texas, des femmes saisissent la justice après s'être vu refuser un avortement malgré des complications », *Le Monde*, 8 mars 2023.
« Mort de Rémi Fraisse : l'État condamné », *Reporterre*, 24 février 2023.

DOCUMENTAIRES AUDIOVISUELS

CLÉMENT, René, *Paris brûle-t-il ?*, 1966.
COLLIN, Philippe, « Le fantôme de Philippe Pétain », Radio France, Épisodes 4 à 8.
JOLY, Laurent et KORN-BRZOZA, David, « La police de Vichy », France TV, 2017.
LAGARDE, Yann, « Que veut dire être "maurrassien" aujourd'hui ? », Radio France, 26 novembre 2021.
LEPRINCE, Chloé, « Violences policières : en fait, mai 1968 n'a pas été un tour de manège », Radio France, 7 avril 2023.

REVUES

BERLIÈRE, Jean-Marc, « L'épuration de la police parisienne en 1944-1945 », *Vingtième siècle. Revue d'histoire*, 1996, p. 63-81.
DEFRANCE, Corine et PFEIL, Ulrich, « L'Allemagne occupée en 1946. Guerres mondiales et conflits contemporains », n° 224 (4), 2006, p. 47-64.
JOLY, Laurent, « Que savait-on du sort des Juifs déportés au sein de la police française ? Réflexions autour du "rapport Sadosky" (Berlin-Paris, 20 juillet 1942) », *Vingtième siècle. Revue d'histoire*, vol. 139, n° 3, septembre 2018, p. 142-152.

LARANÉ, André, « 16 février 1943 – Vichy institue le Service du travail obligatoire (STO) », *Herodote.net*, 2022.

L'HUILLIER, Hervé, « La stratégie de la Compagnie française des pétroles durant la Seconde Guerre mondiale : sauvegarder l'essentiel », *Histoire, économie & société*, 1992, p. 463-78.

MARRUS, Michaël et PAXTON, Robert, « Vichy et les Juifs », *L'Histoire*, 2015.

REMOND, Augustin, « Le rationnement en France de 1939 à 1949 », *Revue Histoire*, 4 janvier 2023.

ROUSSO, Henry, « L'épuration en France : une histoire inachevée », *Vingtième siècle. Revue d'histoire*, 1992, p. 78-105.

VIRGILI, Fabrice, « Les "tondues" à la Libération : le corps des femmes, enjeu d'une réappropriation », *Clio. Femmes, genre, histoire*, n° 1, 1er avril 1995.

« 1944-1945. L'épuration, l'heure des comptes », *Le Figaro Histoire* n° 74, juin-juillet 2024.

LIVRES

BERLIÈRE, Jean-Marc, *Polices des temps noirs. France 1939-1945,* Perrin, 2018.

BERLIÈRE, Jean-Marc et CHABRUN, Laurent, *Les Policiers français sous l'Occupation. D'après les archives de l'épuration,* Perrin, 2001.

JOBARD, Fabien et CLAVEZ, Florent, *Global Police, la question policière dans le monde et l'histoire*, Delcourt, 2023.

VERGEZ-CHAIGNON, Bénédicte, *Vichy en prison. Les épurés à Fresnes après la Libération*, Gallimard, 2006.

EXPOSITION

« Paris brûle-t-il ? », 2024, Paris Musées.

RAPPORTS

Basta Media, base de données compilées et analysées par Ivan du Roy et Ludo Simbille.

Défenseur des droits, « Enquête sur l'accès aux droits. Volume 1. Relations police/population : le cas des contrôles d'identité », 2017.

OHCR. Comité pour l'élimination de la discrimination raciale.

ARCHIVES

CHÉNIER, Louis-Joseph-Gabriel de, *De l'état de siège, de son utilité et de ses effets*, Librairie militaire de J. Dumaine, 1849.

LAMURE, Priscille, « Le quotidien singulier de la jeunesse française sous l'Occupation », RetroNews – Le site de presse de la BnF, 9 janvier 2019.

Maréchal PÉTAIN, « Je fais à la France le don de ma personne », 17 juin 1940, ArchivesRadio.

OMARI, Nejma, « Couvre-feu et embrasement médiatique : lumière sur une mesure exceptionnelle », Gallica, 2020.

« Établissement des catégories de consommateurs pour l'attribution des cartes de rationnement », Archives de Paris, 1942.

« La fin des tickets de rationnement en France », *Chemins de mémoire*, Ministère des Armées.

« Les sources sur le Service du travail obligatoire (STO) », Archives nationales du monde du travail, 2023.

Monument Mauthausen, Archives : Lagarrigue, Louis. Matricule 25520.

Composition et mise en pages
Nord Compo à Villeneuve-d'Ascq

#lisez! engagé
www.lisez.com
Pour plus d'information :
Imprimé sur du papier issu de forêts gérées durablement.

Achevé d'imprimer par
Normandie Roto Impression s.a.s.
Nº d'édition : B40443/01 – Nº d'imprimeur : 2500236
Imprimé en France